야마구치 다쿠로 지음
명다인 옮김

# 챗GPT 문장력 수업

**초판 1쇄 발행** 2025년 11월 20일

**지은이** 야마구치 다쿠로 / **옮긴이** 명다인

**펴낸이** 조기흠
**총괄** 이수동 / **책임편집** 이지은 / **기획편집** 박의성, 최진, 유지윤
**마케팅** 박태규, 임은희, 김예인, 김선영 / **제작** 박성우, 김정우
**편집** 김다빈 / **디자인** 박정현

**펴낸곳** 한빛비즈(주) / **주소** 서울시 서대문구 연희로2길 76, 5층
**전화** 02-325-5506 / **팩스** 02-326-1566
**등록** 2008년 1월 14일 제 25100-2017-000062호

**ISBN** 979-11-5784-834-8 (03700)

이 책에 대한 의견이나 오탈자 및 잘못된 내용은 출판사 홈페이지나 아래 이메일로 알려주십시오.
파본은 구매처에서 교환하실 수 있습니다. 책값은 뒤표지에 표시되어 있습니다.

⌂ hanbitbiz.com ✉ hanbitbiz@hanbit.co.kr ☏ facebook.com/hanbitbiz
Ⓝ blog.naver.com/hanbit_biz ▶ youtube.com/한빛비즈 ⓘ instagram.com/hanbitbiz

'UMAKU KOTOBA NI DEKINAI' GA NAKUNARU GENGOKA TAIZEN by Takuro Yamaguchi
Copyright © 2023 Takuro Yamaguchi Korean translation copyright © 2025 by HANBIT Biz, Inc. All
rights reserved. Original Japanese language edition published by Diamond, Inc. Korean translation
rights arranged with Diamond, Inc. through The English Agency (Japan) Ltd., and Danny Hong Agency

이 책의 한국어판 저작권은 대니홍 에이전시를 통한 저작권자와의 독점 계약으로 한빛비즈(주)에 있습니다.
저작권법에 의해 한국 내에서 보호를 받는 저작물이므로 무단 전재와 복제를 금합니다.

**지금 하지 않으면 할 수 없는 일이 있습니다.**
책으로 펴내고 싶은 아이디어나 원고를 메일**(hanbitbiz@hanbit.co.kr)**로 보내주세요.
한빛비즈는 여러분의 소중한 경험과 지식을 기다리고 있습니다.

야마구치 다쿠로 지음
명다인 옮김

# 목차

시작하며 ... 12

## PROLOGUE
# 언어화 능력을 높이는 3 STEP

| | | |
|---|---|---|
| 누구의 인생이 더 편할까? 언어화 능력이 부족한 사람, 언어화 능력이 뛰어난 사람 | | 18 |
| POINT 01 | '언어화 능력'의 3요소는 어휘력, 구체화 능력, 전달력 | 20 |
| POINT 02 | '말로 표현하기 어려운' 진짜 원인 | 22 |
| POINT 03 | 특히 '구체화'가 중요하다 | 24 |
| POINT 04 | 언어화 능력이 높아질 때 얻게 될 일곱 가지 좋은 점 | 26 |
| Column AI 시대의 언어화 ① | 챗GPT는 '언어화 능력'의 적일까? 아군일까? | 31 |

## CHAPTER 1 STEP 1
# 어휘력을 늘린다 - 사용할 수 있는 단어를 늘리는 방법 -

| | | |
|---|---|---|
| 누가 더 똑똑해 보일까? 어휘력이 부족한 사람, 어휘력이 뛰어난 사람 | | 38 |
| POINT 01 | 어휘력 향상에 빠질 수 없는 '만나기' '검색하기' '외우기' | 40 |
| POINT 02 | [단어와 만나다 ①] 대화하기 | 42 |
| POINT 03 | [단어와 만나다 ②] 경험하기 | 44 |

| POINT 04 | [단어와 만나다 ③] 책 읽기 | 46 |
| POINT 05 | [단어와 만나다 ④] 뇌의 안테나 세우기 | 50 |
| POINT 06 | [단어를 검색한다] 사전이나 챗GPT 활용하기 | 52 |
| POINT 07 | [단어를 외우다 ①] 아웃풋 하기 | 56 |
| POINT 08 | [단어를 외우다 ②] '사용할 수 있는' 상태로 만들기 | 58 |
| POINT 09 | 단어는 아는데 '어휘력'은 부족한 이유 | 60 |

즐거운 언어화 훈련 ① 사용할 수 있는 단어를 늘리는 게임     62

   ❶ 다른 표현으로 바꾸기 게임     63

   ❷ 연상 게임     65

   ❸ 라임 맞추기 게임     67

   ❹ 설명 게임     69

   ❺ 작가 역할 놀이 게임     71

Column AI 시대의 언어화 ②    챗GPT를 활용한 '어휘력' 훈련     72

   • 다른 표현으로 바꾸기 게임     73

   • 연상 게임     74

   • 설명 게임     75

# CHAPTER 2 STEP 2
## 구체화 능력을 강화하다 - 정보의 '해상도'를 높이는 방법 -

| 어느 쪽이 더 상상하기 쉬울까? 구체적이지 않은 정보, 구체적인 정보 | | 78 |
| POINT 01 | 구체화란 '단어의 해상도를 높이는 것' | 80 |

| POINT 02 | 언어화의 본질은 구체화에 있다 | 82 |
| POINT 03 | 좋아하는 것은 왜 구체적으로 말할 수 있을까? | 84 |
| POINT 04 | '사실'은 일단 '5W3H'로 구체화한다 | 86 |
| POINT 05 | '의견·감상'은 사고의 폭을 넓히고 깊이를 더한다 | 96 |
| POINT 06 | 머릿속을 구체화하는 방법 '왜 → 예를 들면' | 98 |
| | 생각해 보세요 [상사가 의견을 물었을 때] | 104 |
| POINT 07 | '예를 들면'은 사고를 깊고 넓게 파는 최강의 도구 | 108 |
| POINT 08 | 구체화를 하기 위한 '사고의 기준' TOP 5 | 112 |
| POINT 09 | [사고의 기준 ①] '이익·불이익' 생각하기 | 114 |
| POINT 10 | [사고의 기준 ②] '비포·애프터' 생각하기 | 116 |
| POINT 11 | [사고의 기준 ③] '비슷한 점·다른 점' 생각하기 | 118 |
| POINT 12 | [사고의 기준 ④] '누구에게 권할 것인가?' 생각하기 | 120 |
| POINT 13 | [사고의 기준 ⑤] '어떤 방법으로?' 생각하기 | 122 |
| POINT 14 | 해상도를 한층 더 높이는 세 가지 포인트 | 126 |
| POINT 15 | 발표나 영업에서도 '구체화 능력'은 필수다 | 132 |
| POINT 16 | '구체화 능력'을 키우면 스몰토크도 즐거워진다 | 133 |
| | 생각해 보세요 [발표 준비] | 134 |
| | 생각해 보세요 [상사와의 스몰토크] | 140 |

**즐거운 언어화 훈련 ② '구체화 능력'을 강화하는 게임** — 142

❶ '왜'라는 질문으로 깊이 파고드는 게임 — 143

❷ 인과 관계 게임 — 145

❸ 디테일 묘사 게임 — 147

❹ 토론 게임 — 149

| | |
|---|---|
| ❺ 인터뷰 게임 | 151 |
| ❻ 5분 동안 쓰기 게임 | 153 |
| Column AI 시대의 언어화 ③ 챗GPT를 활용한 '구체화' 훈련 | 154 |
| • 토론 게임 | 155 |
| • 인터뷰 게임 | 157 |
| • 5분 동안 쓰기 게임 | 158 |

# CHAPTER 3  STEP 3
## 전달력을 높이다 - 전달하는 형식과 기술 -

| | |
|---|---|
| 어느 쪽이 더 잘 전달될까? 자기중심적 전달법, 상대를 배려하는 전달법 | 160 |
| POINT 01 언어화의 목표는 상대에게 '전달하기' | 162 |
| POINT 02 [대전제 ①] '이해하기 쉬운 말' 쓰기 | 164 |
| POINT 03 [대전제 ②] 한 문장은 최대 60~70자로! | 166 |
| POINT 04 [대전제 ③] '주장을 단호하면서 부드럽게' 전달하기 | 168 |
| POINT 05 [대전제 ④] 상대에게 '잘 전달되고 있는지' 확인하기 | 170 |
| POINT 06 [대전제 ⑤] 상대의 '니즈' 파악하기 | 172 |
| POINT 07 간결하고 이해하기 쉽게 전달하는 요령 | 174 |
| POINT 08 이야기를 구성할 때 '3대 형식' 활용하기 | 176 |
| POINT 09 [이야기 형식 ①] 결론부터 말하는 형식 | 178 |
| POINT 10 [이야기 형식 ②] 열거 형식 | 182 |
| POINT 11 [이야기 형식 ③] 스토리 형식 | 186 |

| | | |
|---|---|---|
| POINT 12 | 상대의 호기심을 자극하는 기법 활용하기 | 190 |
| POINT 13 | [마음을 사로잡는 기법 ①] '비교'하기 | 192 |
| POINT 14 | [마음을 사로잡는 기법 ②] '대비' 이용하기 | 194 |
| POINT 15 | [마음을 사로잡는 기법 ③] '의성어·의태어'로 표현하기 | 196 |
| POINT 16 | [마음을 사로잡는 기법 ④] '비유'와 '예시' | 198 |
| POINT 17 | [마음을 사로잡는 기법 ⑤] '의인법'으로 묘사하기 | 200 |
| POINT 18 | [마음을 사로잡는 기법 ⑥] '매력적인 숫자'로 가공하기 | 202 |
| POINT 19 | [마음을 사로잡는 기법 ⑦] '얻게 될 것' 알려 주기 | 204 |
| POINT 20 | [마음을 사로잡는 기법 ⑧] 기억에 남을 '키워드' 사용하기 | 206 |
| POINT 21 | [마음을 사로잡는 기법 ⑨] 중요한 것은 '반복'하기 | 208 |
| POINT 22 | [마음을 사로잡는 기법 ⑩] '긍정적'으로 전달하기 | 210 |

즐거운 언어화 훈련 ③ '전달력'을 높이는 게임　　212

　❶ 적절하게 말하기 게임　　213

　❷ 별명 붙이기 게임　　215

　Column AI 시대의 언어화 ④　챗GPT를 활용한 '전달법' 훈련　　216

　　● 적절하게 말하기 게임　　217

　　● 별명 붙이기 게임　　218

　　[번외편] 단호하면서 부드럽게 전달하는 연습도 해 보자　　219

# CHAPTER 4 STEP 4
# 언어화로 자기 실현을 하다 - 인생은 언어로 이루어진다 -

| | | |
|---|---|---|
| 누가 더 행동력이 좋을까? 언어화가 부족한 사람, 언어화가 뛰어난 사람 | | 222 |
| POINT 01 | 언어화를 잘하면 일상도, 미래도 달라진다 | 224 |
| POINT 02 | 감정을 조절하면 스트레스가 줄어든다 | 226 |
| POINT 03 | 심리적 장벽이 허물어지고 자신감이 생긴다 | 230 |
| POINT 04 | 인간관계가 좋아지고 팀의 생산성이 극대화된다 | 234 |
| POINT 05 | 문제 해결 능력이 높아지고 '필요한 사람'이 된다 | 237 |
| POINT 06 | 기획력이 높아지면 자신을 '브랜딩'할 수 있다 | 239 |
| POINT 07 | 삶의 방식에 중심이 생긴다 | 242 |
| POINT 08 | 꿈에 가까워진다 | 245 |
| 즐거운 언어화 훈련 ④ '발상력'을 키우는 게임 | | 248 |
| | ❶ 곱하기 콘셉트 게임 | 249 |
| | ❷ '아쉬운' 이유 찾기 게임 | 251 |
| Column AI 시대의 언어화 ⑤  챗GPT를 활용한 '발상' 훈련 | | 252 |
| | • 곱하기 콘셉트 게임 | 253 |
| | • '아쉬운' 이유 찾기 게임 | 254 |

| | |
|---|---|
| 부록 | 257 |
| 마지막으로 | 292 |

# 언어화 능력을 높이는 형식 한눈에 보기

'형식'을 의식하며 사고하고 행동하면 언어화 능력은 점점 향상된다. 자세한 내용은 표시된 페이지를 참조.

## 1. '어휘력'을 늘리는 형식

- ❶ 실제 상황에서 대화한다. _ P.43
- ❷ 경험한 것을 다르게 표현한다. _ P.44
- ❸ '능동적 읽기'를 한다. _ P.48
- ❹ 수집하려는 정보를 글로 적는다. _ P.50
- ❺ '~(이)란'이라고 검색한다. _ P.52
- ❻ '유의어'를 검색한다. _ P.53
- ❼ 외운 단어는 '30분 안에' 사용한다. _ P.57

## 2. '구체화 능력'을 강화하는 형식

### '사실'을 구체화할 때

- ❶ '5W3H'에 대입한다. _ P.86

### '의견·감상'을 구체화할 때

- ❷ '왜 → 예를 들면'으로 사고에 깊이를 더하고 넓게 파고든다. _ P.98
- ❸ '사고의 기준'을 적용한다.
    - (1) '이익·불이익'을 생각한다. _ P.114
    - (2) '비포·애프터'를 생각한다. _ P.116

(3) '비슷한 점·다른 점'을 생각한다. _ P.118

(4) '누구에게 권할 것인가?'를 생각한다. _ P.120

(5) '어떤 방법으로?'를 생각한다. _ P.122

## 3. '전달력'을 높이는 형식

**이야기를 이해하기 쉽게 구성한다.**

❶ 한 가지 메시지를 전달할 때는 '결론부터 말하는 형식' _ P.178

❷ 복수의 정보를 정리해 전달할 때는 '열거 형식' _ P.182

❸ 읽는 사람의 마음을 움직여
공감이 필요할 때는 '스토리 형식' _ P.186

**호기심을 자극하는 기법을 사용한다.**

❶ '비교'한다. _ P.192

❷ '대비'를 이용한다. _ P.194

❸ '의성어·의태어'로 표현한다. _ P.196

❹ '비유'와 '예시'를 사용한다. _ P.198

❺ '의인법'으로 묘사한다. _ P.200

❻ '매력적인 숫자'로 가공한다. _ P.202

❼ '얻게 될 것'을 알려 준다. _ P.204

❽ 기억에 남을 '키워드'를 사용한다. _ P.206

❾ 중요한 내용은 '반복한다'. _ P.208

❿ '긍정적'으로 전달한다. _ P.210

## 시작하며

'머릿속에 있는 생각과 마음이 말로 잘 표현되지 않는다.'
'갑자기 질문을 받으면 바로 대답이 나오지 않는다.'
'보고서나 기획서를 작성해도 내용이 파악되지 않는다.'
'상사로부터 "그래서 하고 싶은 말이 뭡니까?"라는 말을 자주 듣는다.'

혹시 당신도 비슷한 고민이 있는가? 아무리 대단한 생각이나 아이디어가 떠올라도 이를 언어화해서 분명하게 전달하지 못하면 아무 소용이 없다. 조금 단호하게 말하면 '언어화하지 못하는 사람은 아무것도 생각하지 않는 사람과 다름없다.'

아마 당신은 언어화에 자신이 없거나, 언어화하는 방법을 잘 모르거나 둘 중 하나일 것이다. 어느 쪽이든 당신이 이 책을 손에 든 이유는 단 하나다.

'어떻게든 언어화 능력을 늘리고 싶기 때문이다'

언어화 능력이 늘지 않는 이유는 당신이 '언어화하는 방법'을 몰라서 그렇다. 이 책은 당신을 언어화할 수 있는 사람으로 인도한다. 올바른 과정을 밟음으로써 말을 잘하지 못했던 사람이 말을 잘하는 사람으로 바뀌는 지금껏 보지 못한 획기적인 책이다.

**'언어화' 과정을 총집합한 3 STEP**

나는 지금에 이르기까지 25년 이상을 '모든 사람이 어떤 상황에서든 언어화를 잘하는 방법'에 대해 꾸준히 연구해 왔다.

대학교 졸업 후에 다니던 출판사에서는 원고며 기획서며 퇴짜 맞기 일쑤였다. '요점이 명확하지 않다', '너무 막연하다', '설명이 부족해 오해의 여지가 있다', '글이 장황하고 횡설수설한다' 등 매번 붉은색 펜으로 수정된 원고는 '피바다'가 따로 없었다. 다시 써 오라는 말을 수도 없이 들었다.

실력은 아직 부족했지만 2002년에 회사를 나와 독립했다. 아내가 '산후 우울증'이라 그럴 수밖에 없었다. 집안일과 육아를 함께 하기 위해 나는 시간 조절이 가능한 프리랜서로 방향을 틀었다.

이때부터는 그냥 죽기 살기였다. 출판사에 무작정 들이대고 영업하며 간신히 생계를 유지했다. 2년 차에 접어든 후로 겨우 일감이 늘기 시작했다. 언어화 능력을 끝없이 공부하면서 지금까지 3,700명 이상을 취재하고 인터뷰하고, 100곳이 넘는 매체에서 기

<u>사를 쓰고 있다.</u>

또 2010년도에 시작한 문장력 강좌가 입소문을 타고 좋은 평가를 얻게 되면서, 현재 직장인들을 포함해 약 1만 명이 넘는 수강생들에게 전달법과 문장 쓰는 법을 가르치고 있다.

'내 생각과 마음을 이해하기 쉽게 전달할 수 있다.'
'기획이나 제안이 잘 통과되고 영업 실적도 올랐다.'
'의사소통이 매끄러워져 오해나 마찰이 줄었다.'
'어떤 질문에도 적확하게 대답할 수 있다.'

수강자들의 긍정적인 후기는 언어화 능력이 지닌 힘을 증명하고 있다. 정말로 잘나지 않은 내가 문장 전문가로 자리 잡았기에 확언할 수 있는 것이 있다.

바로, <u>세 가지 STEP만 실천하면 누구든 반드시 언어화 능력이 좋아진다</u>는 것이다. 이 세 가지 STEP은 아래와 같다.

STEP 1 : '어휘력'을 늘린다.
STEP 2 : '구체화 능력'을 강화하다.
STEP 3 : '전달력'을 높인다.

사람들은 대부분 '전달력' 즉 '전달하는 능력' 하나로 어떻게든 상황을 모면하려고 한다. 그래서 언어화 능력이 늘지 않는 것이다. 전달법은 이 3 STEP 중 일부에 불과하다. 이 책에서 소개하는 3 STEP을 모두 실천하면 언어화를 어려워하는 사람도 분명 언어화 능력이 좋아진다.

**정신없이 바쁜 사람도 바로 실천할 수 있는 훈련이 많다**

이 3 STEP은 25년 넘게 연구하고 실제로 사용해 보기를 반복하면서 체계화에 성공한 나만의 독창적인 기법이다. 이 책은 바쁜 현대인을 돕는 교과서가 되기 위해 쉽게 읽히고, 쉽게 따라 할 수 있으며, 의미 있는 효과를 얻는 데 중점을 두었다.

나아가 장별 칼럼에서는 '언어화'를 논할 때 빠질 수 없는 대화형 인공지능 '챗GPT'와 친해지는 방법도 소개한다. 챗GPT를 수동적으로 사용하면 인간의 언어화 능력은 믿기 어려울 정도로 저하될 것이다. 반대로 영리하게 사용하면 언어화 능력을 비약적으로 늘릴 수 있다. 여러분이 나아가야 할 방향은 당연히 후자다.

**언어화가 가능하면 인생이 바뀐다**

이 책의 내용을 실제로 따라 하면 단단한 언어화 능력을 얻게 되고, 일상도 미래도 그리고 인생까지도 바뀐다.

내 생각과 마음을 정확하게 전달할 수 있게 되면 일의 진행이 원활해질 뿐만 아니라 인간관계에서 발생하는 오해와 마찰도 줄어든다. 물론 학교나 회사 등 주변 사람들에게 높은 평가를 받는다.

여기서 끝이 아니다. 언어화 능력이 높아지면 자신의 감정을 적절하게 조절할 수도 있다. 결과적으로 자기 이해가 깊어지고 동시에 자기 긍정감이 높아지며, 자신감이 생긴다. 목표나 꿈에 가까워질 수 있다는 점도 언어화가 주는 커다란 장점이다.

책을 다 읽어 갈 때쯤이면 당신은 분명 '말로 표현하기 어렵다'라는 고민에 마침표를 찍게 될 것이다. 나와 함께 언어화의 여행길을 즐겁게 떠나 보자.

야마구치 다쿠로山口 拓朗

프롤로그

# 언어화 능력을 높이는 3 STEP

누구의 인생이 더 편할까?

# 언어화 능력이 부족한 사람

평판이 좋지 않다.

업무가 지연된다.

매일 겁먹는다.

인간관계에 지친다.

# 언어화 능력이 뛰어난 사람

평판이 좋다.

업무가 순조롭다.

매일 자신감이 넘친다.

인간관계가 무난하다.

언어화 능력의 유무로 인생이 바뀝니다!
언어화 능력을 갖추려면 세 가지 요소가 중요해요.

## POINT 01 | '언어화 능력'의 3요소는 어휘력, 구체화 능력, 전달력

이 책에서는 실전에 바로 쓸 수 있도록 언어화 능력을 높이는 방법들을 소개한다. 그런데 우선 짚고 넘어가야 할 것이 있다. '언어화 능력'이란 과연 무엇일까?

- 생각한 것을 말로 술술 표현하는 능력
- 어휘가 풍부하고 단어를 적절하게 구사하는 능력
- 논리적으로 의견과 생각을 말하는 능력

저마다 생각하는 바는 다르겠지만, 결국 목표가 보이지 않으면 평생 노력한들 목적지에 도달할 수 없다. 따라서 우선은 우리가 도달해야 할 목표, 즉 '언어화 능력'이 무엇인지 공유하려고 한다. 이 책에서 말하는 언어화 능력의 정의는 다음과 같다.

[언어화 능력]
머릿속에 있는 생각, 마음, 정보를 적확한 말로 표현하고 상대에게 이해하기 쉽게 전달하는 능력.

언어화 능력을 높이기 위해 꼭 필요한 세 가지 단계가 있다.

## 언어화 능력을 높이는 3 STEP

**STEP 1** '어휘력'을 늘린다.

- 모르는 단어는 사용할 수 없다.
- 어휘가 빈약해 가장 어울리는 '단어'를 찾지 못한다.
- 어휘력 상승이 언어화의 첫걸음

텅텅      빼곡

**STEP 2** '구체화 능력'을 강화한다.

- 모호한 내용은 전달되지 않는다.
- 단어의 해상도를 높인다.
- 그림이 떠오를 때까지 구체화한다.

**STEP 3** '전달력'을 높인다.

- 상대가 원하는 정보를 준다.
- 상대에게 '전달되도록' 표현이나 전달 순서를 고민한다.

 사람들은 대부분 3 STEP 중 한 가지는 어려워해요.

## POINT 02 | '말로 표현하기 어려운' 진짜 원인

세상에는 이미 '언어화'를 주제로 한 책이 많은데, 대부분은 '전달법'만 강조하고 있다. 결론부터 말하기, 핵심을 추려서 전달하기, 인상적인 단어 사용하기 등 어떤 전개와 표현을 사용해야 효과적으로 전달되는지 알려 준다. 그런데도 응용을 어려워하고, 막상 필요한 순간에 적용하지 못하는 사람들이 수두룩하다.

왜일까? 전달법이 언어화의 마무리 작업이기 때문이다. 앞에서 본 그림으로 보자면 STEP 3에 해당한다. '이 사람은 A보다 B의 방식으로 말해야 더 잘 통할 거야', '오해를 사지 않으려면 가장 핵심적인 A부터 말하자' 등 전달 내용을 다듬는 작업이다.

하지만 '어떻게 전달할까?'에 집중하기 전에 '무엇을 전달할까?'를 먼저 고민해야 한다. 이것을 깨닫지 못하는 한 언어화 능력은 어지간해서 좋아지지 않는다.

또 요즘 시대는 독서량이 감소하고, 채팅으로 짧은 대화를 주고받아 어휘력이 저하된 사람들이 늘어났다. 그 탓인지 어휘력 책이 인기를 끌고 있다. 그러나 어휘력만 키워서는 언어화를 잘 할 수 없다. 가장 중요한 능력은 단어를 조립하고 '구체화'하는 능력이기 때문이다.

## '어휘력'과 '전달력'만으로는 부족하다

STEP 1 '어휘력'만 늘리면

마구 던져도 상대는 받아 내지 못한다.

STEP 3 '전달력'만 키우면

알맹이가 없어 전달되지 않는다.

## POINT 03 특히 '구체화'가 중요하다

　언어화 능력을 높이는 과정에서 STEP 2 '구체화 능력'이 가장 중요하다. 구체화란 '무엇을 전달할까?'에서 '무엇'에 해당한다. 건더기가 없는 된장국은 맛이 싱겁듯이 언어화도 '재료'가 중요하다. 생각한 것을 말로 표현하기 어려운 원인은 크게 두 가지다.

　하나는, 전달하려는 의지는 있는데 머릿속이 뒤엉키고 정리가 되지 않은 상태일 때다. 또 하나는 정말로 아무 생각도 나지 않는, 즉 사고가 정지한 상태다. 이때는 '모르겠다', '그냥' 등의 말로 얼버무리거나, '뭐 즐거워요', '멋지네요' 등 피상적인 단어로만 표현하게 된다.

　어느 쪽이 되었든 '전달법'을 고민하기 전에 '무엇을' 전달할지부터 정리해야 한다. 머릿속에 정보가 뒤엉켜 있으면 풀어야 하고, 아무 생각도 나지 않으면 내면 깊숙한 곳에 있는 마음, 감정, 정보를 꺼내는 작업이 필요하다. 이것이 '구체화의 본질'이다.

　다만 구체화하려면 어휘력이 반드시 필요하다. '대박'이라는 단어만으로는 구체화가 어렵다. 또 구체화가 끝난 다음에는 상대에게 맞는 전달법을 찾아야 한다. 즉 'STEP 1 어휘력을 늘리기', 'STEP 2 구체화 능력 강화하기', 'STEP 3 전달력 높이기'다. 이 3 STEP을 한 세트로 실천하면 곧 어휘력이 향상될 것이다.

## '머릿속'을 정리하고 구체화하는 것이 중요하다

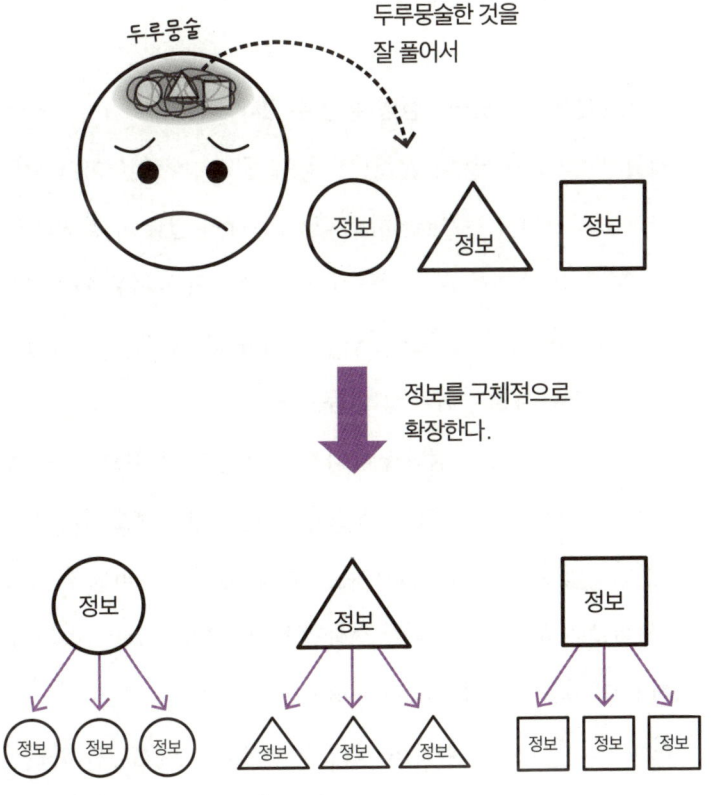

## POINT 04 | 언어화 능력이 높아질 때 얻게 될 일곱 가지 좋은 점

이 책에 나오는 3 STEP을 실천하여 언어화 능력이 높아지면 직장에서 당신의 입지는 크게 달라질 것이다. 당신이 얻게 될 구체적인 좋은 점 일곱 가지를 소개한다.

### ① 적절한 '보고 – 연락 – 상담'을 할 수 있다

일할 때는 '보고 – 연락 – 상담'이 특히 중요하다. 언어화가 서툰 사람은 보고 – 연락 – 상담을 하고 나서 '그래서 결국 하고 싶은 말이 뭐야?'라는 소리를 자주 듣는다. 나는 스피치 강사로 일하면서 사람들로부터 '보고 – 연락 – 상담을 제대로 할 줄 모르는 사람이 많다'라는 이야기를 심심치 않게 듣는다.

그만큼 보고 – 연락 – 상담을 잘하게 되면 경쟁 상대보다 한발 앞서나갈 가능성이 높아진다. 즉 중요한 기본 정보를 빠뜨리지 않고 전달할 수 있다는 의미다. 여기에는 특별한 감성도 유머도 필요 없다. 사실을 사실로서 정확하게 전하면 될 뿐이다. 보도 기자에게도 통하는 이 기술은 직장인의 기본이다.

사실을 정확하게 파악할 수 있으면 대응책도 마련하기 쉬워진다. 높은 자리를 원하는 사람일수록 이 기본을 갖추려고 애쓴다. 보고 – 연락 – 상담을 잘하는 것은 성과를 올리는 지름길이기도 하다.

## ② 호기심을 자극하는 자기소개를 할 수 있다

자기소개는 의외로 어렵지 않은가? 누군가를 처음 만날 때 가볍게 건네는 인사말도 자기소개이고, 면접에서 자신의 장점을 말하는 것도 자기소개다. 각양각색의 상황이 있지만, 공통점은 '<u>장소와 상황에 맞춰 인상적으로 나를 소개한다</u>'이다. 나를 구성하는 요소를 구체적으로 파악하고 가시화함으로써 말해야 할 것들이 보이며 다양한 각도에서 나라는 사람을 전달할 수 있다.

상황에 맞게 적절한 자기소개를 할 수 있게 되면, 상대의 기억이나 인상에 오래 남아 나의 인지도와 평가도 높아진다. 또 인간관계도 넓어지고 활약할 수 있는 무대도 더욱 늘어난다.

## ③ SNS에 매력적인 글을 쓸 수 있다

내 생각이나 의견을 자유롭게 말하는 SNS에서는 자칫 자기중심적인 글을 쓰기 쉽다. '오늘 ○○ 카페에 갔다!'라는 SNS 글이 흔하게 보인다. 그러나 이 글만 보고서는 팔로우할 마음이 생기지 않는다. 반면 글을 잘 쓰는 사람은 ○○ 카페의 매력을 잘 전달한다. 카페 위치, 추천 메뉴, 카페에서 사용하는 식기, 맛, 분위기, 가격 등 <u>읽는 사람에게 유용하고 호기심을 유발하는 구체적인 정보를 제공한다.</u>

이는 작은 차이가 아니라 큰 차이다. 전자는 팔로워 수도 늘지 않고 영향력도 없지만, 후자는 팔로워 수가 늘고 영향력도 점점 커진다. 앞으로는 SNS로 글을 잘 쓰는 능력이 업무에 필요한 기술로 중요하게 여겨질 가능성이 있다. 그때가 되면 글을 통해 '언어화할 수 있는지 없는지'의 차이가 큰 갈림길이 될 것이다.

### ④ 인간관계가 좋아진다

인간은 말로 의사소통한다. 그래서 일부 단어만 사용하거나 전달하려는 내용이 어긋나면 상대의 오해를 사거나 마음을 불편하게 만들 위험도 커진다. 직장을 옮기는 사람 중에는 '인간관계가 마음처럼 되지 않아서' 그런 결심을 한 사람이 많다. 언어화 능력이 높아지면 의사소통에서의 어긋남이 줄어들어 좋은 인간관계를 맺을 수 있다. 그 결과 경력도 쌓기 쉬워진다.

### ⑤ 발표, 영업, 협상 능력이 좋아진다

회사에서는 상대방을 설득해야 하는 상황이 자주 발생한다. 발표, 영업, 협상이 대표적인 상황이다. 이때 사람의 마음을 움직이는 요소는 두 가지다. 하나는 '근거', 다른 하나는 '이득benefit'이다.

근거는 그 제안이나 상품의 필요성을 보여 주는 '이유'를 말한다. 이득은 그 제안을 실행하거나 상품을 사용할 때 상대가 얻게 될 효과, 효능, 이익 등이다.

중요한 것은 근거와 이득을 구체적으로 제시하는 것이다. '예를 들면 ○○라는 상황에서 사용할 수 있다', '예를 들면 ○○이라는 이점이 있다' 등 상대의 머릿속에 '그림'이 떠오르도록 전달하는 사람은 모든 상황에서 성과를 낼 수 있다.

### ⑥ 감정을 조절할 수 있다

별 이유 없이 기분이 가라앉을 때가 있다. 언어화 능력이 부족하면 자신의 감정을 파악할 수 없어 답답한 마음이 커진다. 왜 기분이 가라앉을까. 슬픔인가, 억울함인가, 외로움인가, 이렇듯 불분명한 감정에 휘둘리기 때문이다.

화를 잘 내는 사람과 화를 잘 내지 않는 사람의 차이는 언어화 능력의 수준이 결정한다. 언어화 능력이 높은 사람은 말을 사용해 감정을 차분하게 파악하기 때문에 올바르게 대화할 수 있다.

스트레스가 쌓였을 때 화를 잘 내는 사람은 감정에 따라 폭력적으로 행동하기도 하지만, 화를 잘 내지 않는 사람은 감정을 직절하게 파악하기 때문에 푹 자고, 목욕물에 몸을 담그고, 노래방에 가는 등 스트레스를 해소하는 해결책을 찾아낸다. 의외일 수도 있지만, 언어화 능력과 감정을 조절하는 능력은 밀접한 관련이 있다.

### ⑦ 기획력이 향상된다

좋은 생각이나 아이디어는 대부분 '단어의 곱셈'에서 탄생한다. '전화' × '컴퓨터' = '스마트폰'이 그 예다. 이러한 아이디어를 얻으려면 높은 어휘력이 필수다. 평소에 곱셈이 가능한 말의 가짓수를 늘리는 것이 중요하다. 두말할 필요도 없는 이야기지만 기획을 실현하는 과정에서 ⑤에서 이야기한 발표나 협상 능력은 필수다.

**Column AI 시대의 언어화 ①**

# 챗GPT는 '언어화 능력'의 적일까? 아군일까?

**대화형 AI를 잘 활용하기 위해서도 '언어화 능력'이 필요하다**

인간같이 자연스러운 대화가 가능한 고도의 기술이 집약된 대화형 AI, 챗GPT가 화제다.

마이크로소프트의 '빙Bing', 구글의 '제미나이Gemini'까지 등장하면서 대화형 AI의 경쟁은 점점 치열해지고 있다. 미래에는 '말을 다루는 직업'이 AI에 대체될지 모른다는 말도 들린다.

하지만 나는 그렇게 생각하지 않는다. AI가 만든 문장에 패할 것인가. 아니면 AI를 손쉽게 활용하면서 인간만이 만들 수 있는 문장을 탄생시킬 것인가. 어떤 현실로 나아갈지는 다름 아닌 '사용자에게 달려 있다.' 그리고 대화형 AI를 얼마나 활용할 수 있는지는 '언어화 능력'에 달려 있다.

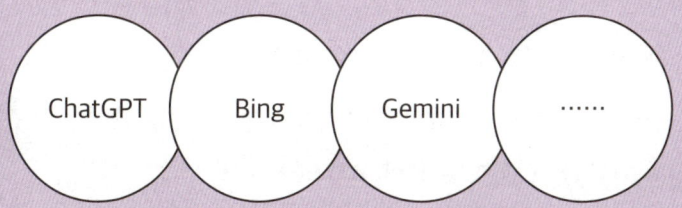

**챗GPT의 답변을 무분별하게 받아들이지 않는다**

챗GPT에 글 작성을 요청하면 언어화 능력이 퇴보하지 않을까? 챗GPT는 프롬프트(챗GPT에 입력하는 명령문)를 작성하면 장문의 답변을 주기 때문에 어떻게 쓸지 직접 고민할 필요가 없다. 따라서 답변을 무분별하게 받아들이면 스스로 아무 생각도 하지 않으므로 당연히 언어화 능력이 저하된다.

**머리를 쓰지 않으면 활용하지 못한다**

챗GPT는 만능이 아니다. 좋은 답변을 얻기 위해서는 원하는 목표를 명확하게 정하고 어떤 질문을 입력할지 고민할 필요가 있다. 또 챗GPT가 제시한 답변을 적절하게 이해하고 '부족한 정보'나 '불필요한 정보'를 파악하고 단어를 사용해 대화를 계속 주고받아야 한다.

결국 머리를 쓰지 않으면 챗GPT를 활용하지 못한다. 주체성을 가지고 챗GPT라는 조수와 대화를 쌓아 나가면 당신의 '언어화 능력'은 놀라울 정도로 좋아질 것이다.

**챗GPT가 잘하는 것과 못하는 것을 파악한다**

다음 쪽에 챗GPT가 잘하는 것과 못하는 것을 정리해 놓았다. 이를 파악한 후 실제로 챗GPT를 설치해 사용해 보자.

# 챗GPT의 '뛰어난 점'과 '아쉬운 점'

### 뛰어난 점

- 인터넷상의 방대한 정보를 학습한 결과, 복잡한 단어·표현·문맥을 이해할 수 있다.
- 똑똑한 조수와 이야기하는 것처럼 대화가 자연스럽다.
- 클릭 한 번에 결과가 나오는 '검색'이 아니라 '대화chat' 형식이기 때문에 불분명한 점이 있으면 질문을 통해 원하는 대답에 도달할 확률이 높아진다.
- 계정을 등록하면 바로 무료로 사용할 수 있다. 유료 버전도 있다.

### 아쉬운 점

- 버전별로 출시 시점까지의 데이터를 기반으로 학습한 AI라서 최신 정보 반영에 시간이 걸린다.
- '잘못된 정보'를 그럴듯하게 답변하는 경우가 종종 있다. 정확도가 보장되지 않는다.
- 챗GPT의 활용 핵심은 프롬프트(명령문)에 있다. 프롬프트가 '애매'하면 '애매한 답변'만 나온다. 프롬프트가 '구체적'이면 '구체적인 답변'이 나온다.

### 이 책에는 챗GPT를 활용한 훈련도 있다

이러한 특징을 이해하고 사용하면 챗GPT는 당신의 똑똑한 조수가 되어 줄 것이다.

이 책에서는 언어화 능력을 높이는 세 가지 STEP으로 '어휘력 늘리기', '구체화 능력 강화하기', '전달력 키우기'를 제안한다. 그리고 이를 챗GPT로 훈련할 수도 있다.

이를테면 각 장의 끝에 나오는 〈즐거운 언어화 훈련〉에는 해당 장에서 배운 능력을 강화하는 게임이 준비되어 있다. 이 게임은 원래 혼자 도전하거나 친구 또는 가족과 경쟁하면서 즐기는 게임이지만 챗GPT를 활용하거나 대전 상대로 둘 수도 있다.

또 챗GPT와 게임을 할 때 활용할 수 있는 프롬프트(명령문) 예시도 소개하고 있다. 꼭 도전해서 AI에 밀리지 않는 '언어화 능력'을 쌓아 보자. 아직 챗GPT 계정을 등록하지 않은 사람은 다음 쪽의 설명에 따라 등록하고 실제로 사용해 보도록 한다.

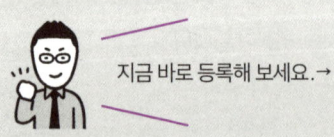
지금 바로 등록해 보세요. →

## 챗GPT의 기본 사용법

이 책에서는 PC 버전을 기준으로 설명하고 있지만, 애플리케이션(iOS, 안드로이드) 버전도 제공하므로 스마트폰으로 사용하는 방법도 있다.

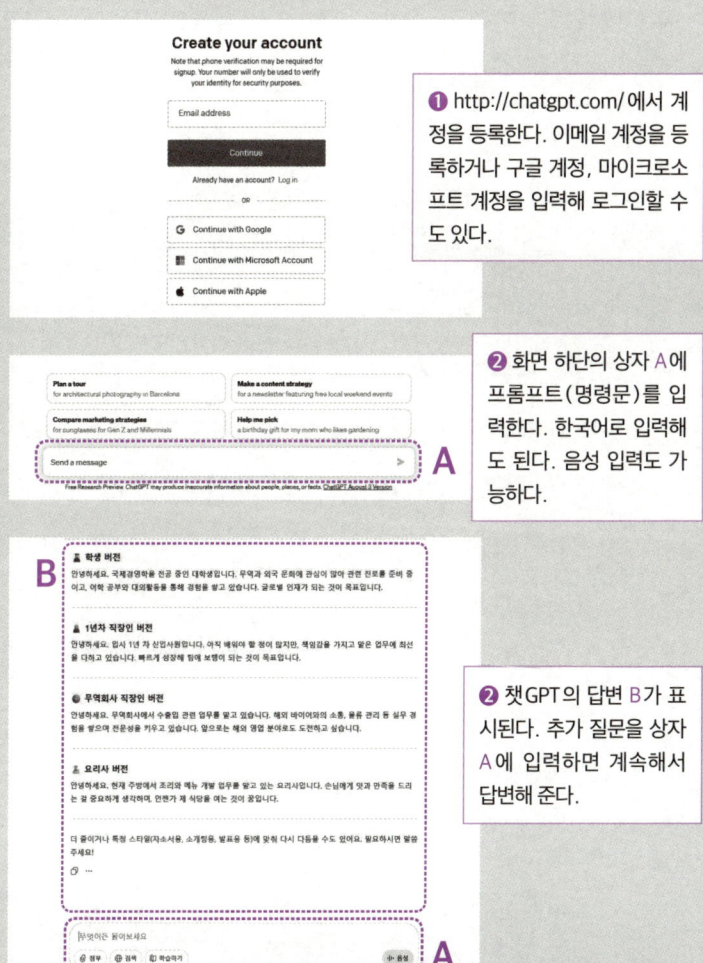

❶ http://chatgpt.com/ 에서 계정을 등록한다. 이메일 계정을 등록하거나 구글 계정, 마이크로소프트 계정을 입력해 로그인할 수도 있다.

❷ 화면 하단의 상자 A에 프롬프트(명령문)를 입력한다. 한국어로 입력해도 된다. 음성 입력도 가능하다.

❷ 챗GPT의 답변 B가 표시된다. 추가 질문을 상자 A에 입력하면 계속해서 답변해 준다.

# CHAPTER 1
### STEP 1

## 어휘력을 늘린다

- 사용할 수 있는 단어를
늘리는 방법 -

누가 더 똑똑해 보일까?

## 어휘력이 부족한 사람

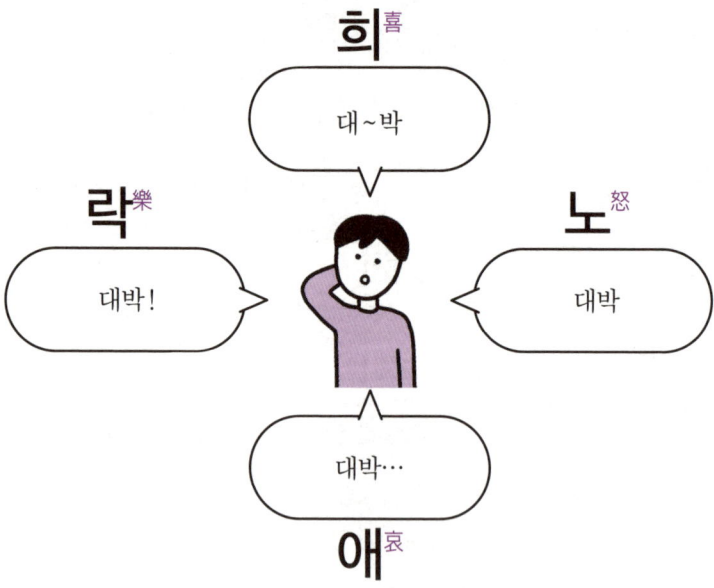

# 어휘력이 뛰어난 사람

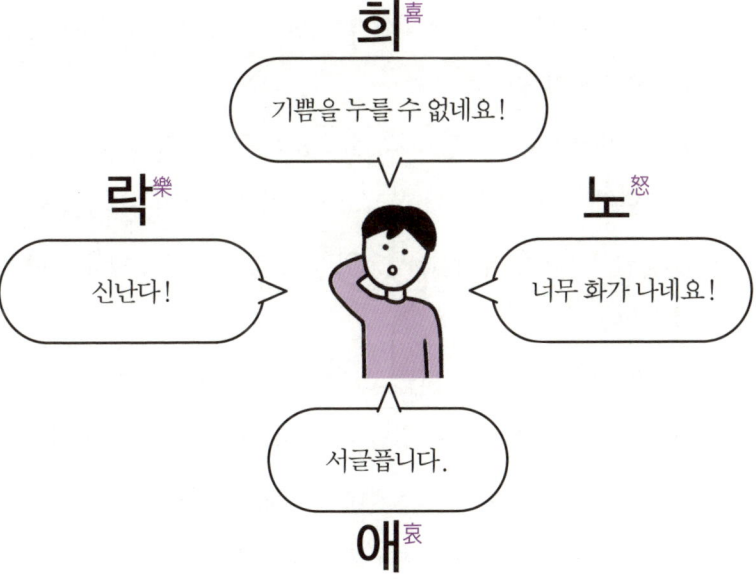

아무리 감정이 풍부한 사람이어도 '대박'으로만 표현하면 생각의 깊이가 얕아 보여요.

## POINT 01 어휘력 향상에 빠질 수 없는 '만나기' '검색하기' '외우기'

어휘력 향상을 강조하는 책은 이미 넘치도록 많다. 대부분은 이제부터 단어를 획득해 나갈 사람을 위한 책이다. 수많은 단어와 관용구가 실려 있고 'OO이 알아야 할 어휘' 같은 제목이다.

하지만 어휘력이 부족하다는 걸 알게 되었다고 해도, 눈코 뜰 새 없이 일하느라 바쁜 와중에 책상 앞에 앉아 차근차근 공부하기란 현실적으로 쉽지 않다.

일상은 바쁘게 돌아간다. 회의에도 참석해야 하고 보고서도 작성해야 한다. 또 모임이나 회식도 있다. 그러다 보니 자투리 시간을 활용해 즉시 사용할 수 있는 단어의 양을 늘리고 싶은 마음이 더 간절해진다.

그래서 이번 1장에서는 바쁜 현대인이 바로 쓸 수 있는 어휘력 향상법을 소개하려고 한다. 일할 때 도움 되는 어휘를 익히려면 세 가지를 기억해야 한다. 첫 번째는 새로운 단어와 '만나는 것'이다. 그러려면 만남의 기회도 늘려야 한다. 두 번째는 모르는 단어를 '검색하는 것'이다. 뜻을 모르는 단어는 사용할 수 없다. 그리고 세 번째는 뇌에 단어를 정착시키고 '외우는 것'이다. 이제 각 요소를 하나씩 살펴보자.

## 어휘력을 늘리는 3대 요소

**새로운 단어와 만난다**
- 대화
- 경험
- 독서
- 안테나를 세운다.

**모르는 단어를 검색한다**
- 인터넷 검색
- 챗GPT

**뇌에 정착시키고 외운다**
- 아웃풋 한다.
- '사용할 수 있는' 상태로 만든다.

 바쁜 직장인을 위한 현실적인 방법을 살펴볼까요?

## POINT 02 | 단어와 만나다 ①
## 대화하기

최근 사람들과의 대화가 줄어든 것 같지 않은가? 코로나19를 기점으로 재택근무나 온라인 미팅을 도입한 기업이 급격히 증가했다. 온라인에서 대화를 주고받는 경우, 꼭 필요한 말만 하려는 분위기라 다른 이야기를 할 기회가 없다.

대화할 일이 줄어든다는 것은 새로운 단어와 만날 기회도 줄어든다는 뜻이다. 누군가와 이야기하다 새로운 단어를 익힌 경험이 있을 것이다. 그러나 대화의 총량이 감소하면 새롭게 만나는 단어의 양도 감소한다.

### 신경 쓰지 않으면 점점 어휘가 빈약해진다

어쩌면 'SNS로 사람들과 대화하니까 내 어휘력은 괜찮을 거야'라고 안심하는 사람도 있을 것이다. 그러나 당신이 사용하는 단어는 '대박'이거나 'ㅋㅋ' 아니면 줄임말이 대부분이지 않을까? 이 중에는 이모티콘만으로 대화하는 경우도 있다. SNS 속 일반인의 글만 읽어서는 자신의 틀 밖에 있는 단어와 만나기 어렵다. 우리는 애써 의식하지 않으면 점점 어휘력을 잃는 환경에 있다는 현실을 먼저 자각해야 한다.

### 새로운 사람과의 대화에서는 주고받는 단어도 새롭다

단어와 만날 기회가 줄어든 지금, 새로운 단어를 접하기 위해 적극적으로 대화를 해 보자. 온라인이어도 상관없지만 가능하다면 직접 만나서 나누는 대화가 좋다. 얼굴을 마주 보면 온라인보다 대화 내용의 밀도가 높고 새로운 단어와 만날 가능성이 높다. 스터디 모임이나 세미나 등 사람들과 교류할 수 있는 장소를 찾아가도 좋다. 다른 분야에 있는 사람들과의 대화는 자극적이면서, 새로운 단어를 얻고 배울 상황이 많이 발생한다.

### 전할 말과 전하지 않을 말을 구분하는 연습을 한다

대화는 어휘력뿐 아니라 언어화 능력도 높인다. 스몰토크나 대화는 의외로 심오하고 어렵다. 회의처럼 대화의 목적이 분명한 자리에서는 생각을 말로 잘 표현하는 사람도, 특별한 목적이 없는 스몰토크는 어려워하기도 한다. 스몰토크와 대화는 상대의 말과 몸짓을 살피면서 상황에 맞게 반응을 바꾸지 못하면 대화가 지루해진다. 또 상대의 반응을 바로 확인할 수 있어 '어, 지금 한 말 이해하지 못했나?', '지금 말투 오해받으려나?', '그럼 이렇게 말해 봐야지' 같은 즉각적인 훈련이 가능하다. 스몰토크 역시 언어화 능력 향상을 위한 실전 연습인 셈이다.

## POINT 03 | 단어와 만나다 ② 경험하기

상품이 가진 매력을 발표하는 상황이라고 해 보자. 이론만 앞세워 설명하는 사람과 실제 사용 후기도 곁들여 적극적으로 설명하는 사람이 있다면 과연 누가 듣는 사람의 마음을 움직이게 될까? 당연히 후자다.

경험으로 얻은 감각, 감정, 정보 등은 그 사람 고유의 것이다. 그 사람만의 말은 다른 사람을 사로잡고 설득력 있게 상대의 마음에 와닿는다. 그러니 다양한 경험을 해 보자. 경험이 다양해질수록 가지고 있는 단어에 깊이가 생기고 무게감이 더해진다. 경험이라면 뭐든 좋다. 꼭 산에 오르거나 여행을 떠나는 큰 경험이 아니어도 괜찮다. 영화를 보거나 유명한 음식점이나 미술관에 가거나 세미나를 듣거나 새로 출시된 편의점 디저트를 먹는 경험도 모두 좋다. 이때 중요한 것은 작은 경험일지라도 그 순간의 감상을 다채로운 단어로 표현하려는 시도다.

예를 들면 미술관에서 작품을 감상하다가 '참신한 색감을 썼다'라는 생각이 든다면 이 '참신하다'를 다른 말로 바꿔 보는 것이다. 아니면 자신의 마음을 '참신하다'란 단어가 제대로 표현하고 있는지 점검한다. 만약 아니라면 사전에서 가장 적합한 단어를 찾아본다. 그러다 보면 '심해를 떠올리게 하는 깊은 푸른색'이라는 표현에 도달할지도 모른다. 이처럼 새로운 단어와 우연히 만나기만을 마냥 기다리지 말고 적극적으로 단어를 찾아 나서야 한다.

### 경험을 말로 표현해 보자

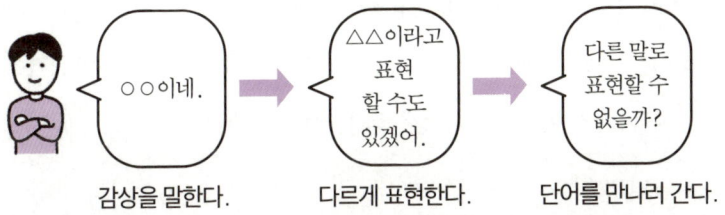

감상을 말한다. → 다르게 표현한다. → 단어를 만나러 간다.

### 다양한 경험을 해 보자

- 등산하다.
- 여행을 떠나다.
- 캠핑하다.
- 다이빙하다.
- 찜질방에 가다.
- 바비큐를 굽다.
- 놀이공원에 가다.
- 미술관에 가다.
- 박물관에 가다.
- 전시회에 가다.
- 콘서트에 가다.
- 영화를 보다.
- 세미나에 참가하다.
- 강연을 듣다.
- 독서 모임에 참여하다.
- 오프라인 취미 모임에 참석하다.
- 음식점에 가다.
- 호텔 라운지에 가다.
- 초밥 오마카세를 먹으러 가다.
- 편의점에 출시된 새로운 디저트를 먹다.
- 반려동물을 기르다.
- 식물을 키우다.

 큰 경험도 작은 경험도 다 좋습니다.
주의를 기울이면 모든 것에 배울점이 있습니다.

## POINT 04 | 단어와 만나다 ③
## 책 읽기

독서는 새로운 단어와 정보의 보고다. 능력 있는 사람 중에는 책을 즐겨 읽는 사람이 많다. 빌 게이츠의 1년 목표 독서량은 50권이라고 한다. 독서 권장이라니 초등학교 때나 들었을 말을 이제 와 또 듣고 싶지 않을 수도 있다. 그런데 독서를 통해 사람들의 격차가 어디까지 벌어지는지 생각해 본 적 있는가?

### 연 수입이 높은 사람은 책을 많이 읽는다

오른쪽 상단에 미국의 〈Business Management Degree〉에 개재된 연구 데이터가 있다. 빌 게이츠, 워런 버핏처럼 거대한 부를 쥔 부유층과 연 수입 3,000만 원 이하인 직장인의 독서량을 비교했다. 이 자료에 따르면 부유층의 88%가 하루에 30분 이상 경영서 등을 읽는 데 반해 연 수입 3,000만 원 이하인 직장인은 불과 2%에 그쳤다. 이는 무시할 수 없는 차이다. 부유층은 독서를 통해 일과 인생에 도움이 되는 인풋 활동을 하고 있을 것이다.

그렇다면 일본의 독서 실태는 어떨까? 오른쪽 하단에 있는 표는 2018년에 '라쿠텐 굿즈'에서 실시한 '상사와 부하 직원의 독서 현황에 관한 조사 결과'다.

## 미국 부유층과 연 수입 3,000만 원 이하인 직장인의 독서량 비교

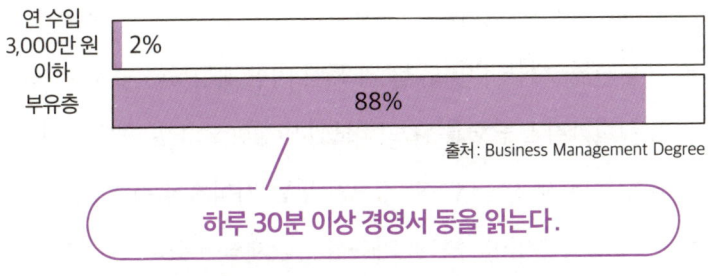

연 수입 3,000만 원 이하: 2%
부유층: 88%

출처: Business Management Degree

> 하루 30분 이상 경영서 등을 읽는다.

## 일본 직장인의 한 달 독서량

| | 한 달 독서량 (연간 독서량) | 전체 | 관리직 | 사원 |
|---|---|---|---|---|
| 많다 ↑ | 월 10권 이상 (연 120권 이상) | 3.9% | 3% | 5% |
| | 월 8권 이상 10권 미만 (연 96권 이상 120권 미만) | 3% | 2.3% | 4% |
| 독서량 | 월 6권 이상 8권 미만 (연 72권 이상 96권 미만) | 2.1% | 2% | 2.3% |
| | 월 4권 이상 6권 미만 (연 48권 이상 72권 미만) | 5.9% | 6.8% | 4.7% |
| | 월 2권 이상 4권 미만 (연 24권 이상 48권 미만) | 8.4% | 10% | 6.3% |
| | 월 1권 이상 2권 미만 (연 12권 이상 24권 미만) | 15.9% | 17.5% | 13.7% |
| | 월 1권 미만 (연 12권 미만) | 18.7% | 18.8% | 18.7% |
| ↓ 적다 | 월 0.5권 미만 (연 6권 미만) | 42.1% | 39.8% | 45.3% |

출처: 라쿠텐 굿즈 조사

> 60%가 책을 '한 달에 1권 미만' 읽는다.

이는 관리직 400명, 직함이 없는 20대 초반의 사원 300명, 총 700명을 대상으로 실시한 조사다. 이 조사에 따르면 무려 60%가 '한 달에 1권 미만의 책을 읽는다'는 사실을 알 수 있다. '한 달에 10권 이상 책을 읽는 사람'(3.9%)의 15배 이상에 달하는 수치다. 유감스러운 결과지만 관점을 다르게 보면 엄청난 기회일 수도 있다. 독서량이 늘면 새로운 단어와 정보를 만날 기회가 급격히 많아지기 때문이다. 또 수입이 증가할 가능성도 잠재되어 있다. 게다가 책을 읽지 않는 사람이 수두룩한 가운데 당신은 지금 이 책을 읽고 있다. 그 시점에 당신은 이미 한발 앞선 것이다. 앞으로도 계속 독서량을 늘려 나가면 더 큰 보상을 얻을 것이다.

### '능동적 읽기'로 독서의 생산성을 높인다

이렇게나 노력하는 당신이 꼭 알아야 할 것이 있다. 바로 독서의 생산성을 한층 높이는 '능동적 읽기'다. 모처럼 소중한 시간을 내어 읽는 것이니 책 한 권에서 효율적으로 단어와 정보를 획득하고 잊지 않고 싶을 것이다. 이때 능동적 읽기를 하면 책 속의 단어나 정보가 머릿속에 더 잘 들어오고 기억으로 저장될 확률도 높아진다. 세미나에 비유하면, 강사가 일방적으로 설명하는 방식이 아니라, 강사에게 질문하거나 참가한 사람끼리 생각을 나누며 지식에 깊이를 더하는 방식과 비슷하다.

## 독서의 생산성을 높이는 '능동적 읽기' 방법

❶ '이 글을 읽고 있는 목적'을 생각하며 읽는다.

❷ '목차나 소제목'이 있으면 먼저 살펴본다.
(전체를 파악한다.)

> 책을 읽기 전에 서점 웹사이트의 독자 후기부터 보는 방법도 효과적이다.

❸ 다 읽은 후 아웃풋(쓰기·말하기·설명하기) 한다는 생각으로 읽는다.

❹ 이유, 주어, 의미 등에 의문을 가지고 읽는다.

❺ 기억에 남기고 싶은 부분이나 중요한 문장에 밑줄이나 형광펜을 긋는다.

❻ 다 읽은 후 실제로 아웃풋 활동을 한다.
- SNS에 감상평을 올린다.
- 서점 웹사이트에 후기를 남긴다.
- 노트에 무엇을 깨달았고 배웠는지 정리한다.
- 다른 사람에게 감상평을 말한다.

'약간 어려운 수준'의 책을 골라 보세요. 기존에 알고 있는 정보 70%, 새로운 정보 30% 섞인 책이 가장 바람직합니다.

## POINT 05 | 단어와 만나다 ④
## 뇌의 안테나 세우기

이번에는 일상에서 새로운 단어와 만날 확률을 확실히 높이는 기술을 소개한다.

### 의식하지 않으면 못 보고 지나친다

잠깐 실험을 해 보겠다. 지금부터 10초 동안 주변에 보이는 '빨간색 물건' 세 가지를 찾아보라.

다 찾았는가? 자, 이제 그 '빨간색 물건' 세 가지를 말해 보자. 어쩌면 당신은 단 하나도 못 찾았을 수도 있다. 이쯤이면 눈치채지 않았을까? '사람은 의식하고 있는 것은 눈에 들어오지만, 의식하고 있지 않으면 많은 것을 놓치고 만다는 것'을 말이다. 여기에는 뇌의 기능 중 하나인 '그물 활성계RAS, Reticular activating system'가 관련돼 있다. 인간은 눈이나 귀로 들어오는 정보를 무의식중에 가려낸다. 의식하고 있지 않은 정보는 필터를 거쳐 삭제하고, 의식하고 있는 정보는 '중요한 정보'라고 판단해 뇌에 적극적으로 입력한다. 이것이 그물 활성계의 특징이다. 그물 활성계를 영리하게 활용하면 내게 필요한 단어와 정보를 집중적으로 모을 수 있다. 더 구체적인 방법은 수집하고 싶은 정보를 글로 써 보는 것이다. '쓰다 = 뇌의 안테나를 세운다'라는 뜻이다. 실제로 글로 쓰면 뇌의 정보

수집 능력이 향상돼 내게 필요한 정보들이 계속해서 안테나로 끌려 들어온다.

당신이 맡은 새 과제에서 10대를 조사해야 한다고 해 보자. 이제 그들의 취미와 취향을 파악하기 위해 '10대, 유행, 좋아하는 가수, 놀러 가는 곳, 목표나 꿈' 등 분석을 위한 관련 검색어를 직접 써 보자. 그러면 그 순간에 뇌의 안테나가 확 펼쳐져 관련 정보가 속속들이 들어오기 시작한다. 또 스마트폰으로 '10대, 유행'을 검색하는 등 안테나에 따라 그 사람의 행동도 변하게 된다. 항상 뇌의 안테나를 펼치고 있는 사람과 그렇지 않은 사람의 정보 습득량은 차이가 크다. 바로 사용할 수 있는 단어나 정보를 효율적으로 수집해 놓으면 대화할 때나 글을 쓸 때 단어를 찾고 고르는 수고를 덜고 실속 있게 전달할 수 있다.

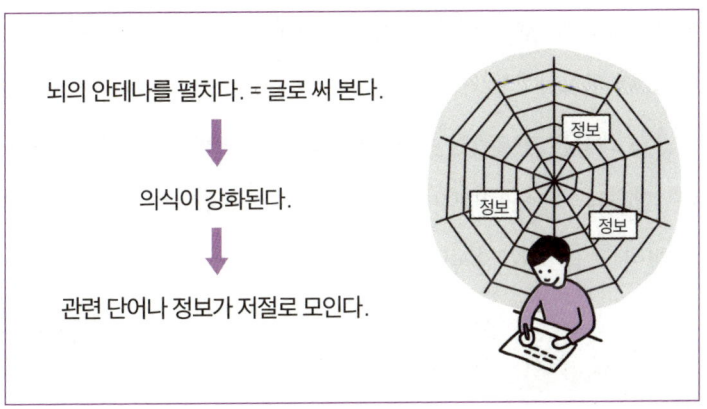

## POINT 06 | 단어를 검색한다
## 사전이나 챗GPT 활용하기

어휘력이 높은 사람일수록 말에 민감하다. 의미가 모호한 단어를 만났을 때 어휘력이 높은 사람은 '단어를 정확하게 알 수 있는 기회'라고 여기고 바로 찾아본다. 모르는 단어를 방치하지 않고 뜻을 검색하는 습관은 어휘력 향상의 기본이다. 예전에는 무거운 종이 사전이 필요했으나 지금은 스마트폰으로 언제든 궁금한 단어를 검색할 수 있다. 이제 스마트폰으로 단어를 찾는 방법 세 가지를 소개한다.

### '~(이)란'이라고 검색한다

단어 뜻을 찾을 때 가장 쉬운 방법은 포털에 '~(이)란'이라고 검색하는 것이다. 예를 들면 'literacy란' 또는 'listen이란'이라고 입력한다. 그러면 검색 결과 중 상위 약 5개 정도는 그 말뜻을 풀이한 웹사이트가 나온다.

검색 대상은 처음 보는 단어뿐만 아니라 뜻이 헷갈리는 단어까지 포함하는 것이 바람직하다. 어렴풋하게 알겠는데 다른 사람에게 설명하기는 어려운 단어를 반드시 검색해 보자.

### '유의어'를 검색한다

　단어를 적절하게 사용하려면 대략적인 뜻은 비슷해도 뉘앙스가 미묘하게 다른 단어를 많이 쌓아 놓는 것이 중요하다. 즉 유의어를 많이 알아 두면 좋다. 검색창에 '○○ 유의어'라고 검색하면 유의어가 많이 나온다. '경솔하다'를 예로 보자. 구글에 유의어를 검색해 보면 '가볍다', '경박하다', '조급하다', '부주의하다', '경거하다', '경조하다' 등이 나온다. 그러면 이런 상황에서는 '조급하다'보다 '경박하다'가 더 적합한 단어라는 것을 알 수 있다.

　'경거하다'와 '경조하다'는 우리에게 낯선 단어다. 이처럼 유의어를 검색함으로써 새로운 단어를 만날 기회도 늘어난다(예시로 직장에서 사용할 수 있는 감정 표현의 대체어가 다음 쪽에 있다.).

### '반의어'를 검색한다

　유의어와 마찬가지로 반의어도 '○○ 반의어'라고 검색하면 된다. 예를 들어 '꼼꼼하다'의 반의어를 검색하면 '덜렁거리다'가 나온다. 반의어를 검색하면 아는 어휘가 늘어날 뿐만 아니라, 언어화할 때 '꼼꼼한 사람이 이렇습니다. 반대로 덜렁거리는 사람은 이렇습니다'와 같은 대비를 통해 상대에게 더 잘 와닿게 설명할 수 있다.

## 대화나 메일에서 직장인이 사용할 수 있는
## '감정 표현' 대체어

### 희 喜

- 환희하다.
- 희열을 느끼다.
- 하늘을 날 듯이 기쁘다.
- 감격하다.
- 감동하다.
- 가슴이 두근거리다.
- 영광이다.
- 희희낙락하다.
- 기쁨에 취하다.
- 기쁨을 참을 수 없다.
- 마음이 설레다.
- 경사스럽다.
- 뿌듯하다.
- 열락(愉悅)
- 만족스럽다.
- 도취하다.
- 만끽하다.
- 기뻐서 신바람이 나다.

### 노 怒

- 격앙하다.
- 격노하다.
- 분개하다.
- 격분하다.
- 노여워하다.
- 화가 머리끝까지 치밀어 오르다.
- 분노하다.
- 화가 나다.
- 불쾌하다.
- 짜증나다.
- 머리에 피가 쏠리다.
- 피가 거꾸로 솟다.
- 질타하다.
- 질책하다.
- 비난하다.
- 혐오하다.
- 책망하다.
- 심기를 건드리다.

감정 표현을 많이 익히려면 '소설'을 읽는 것도 좋은 방법입니다. 각양각색의 표현을 만날 수 있습니다.

**애**哀

- 비탄하다.
- 슬픔에 잠기다.
- 애잔하다.
- 슬픔에 휩싸이다.
- 비통하다.
- 비애
- 애통하다.
- 가엾다.
- 애절하다.
- 마음이 아프다.
- 괴롭다.
- 무력하다.
- 서럽다.
- 마음을 졸이다.
- 한탄하다.
- 걱정하다.
- 딱하다.
- 불쌍하다.

**락**樂

- 매력적이다.
- 흥분하다.
- 흥미를 끌다.
- 짜릿하다.
- 유머러스하다.
- 성취감이 있다.
- 몰입하다.
- 몰두하다.
- 고양되다.
- 자극적이다.
- 유쾌하다.
- 통쾌하다.
- 떨리다.
- 가슴이 뛰다.
- 편안하다.
- 만족스럽다.
- 열정적이다.
- 가슴이 벅차오르다.

## POINT 07 | 단어를 외우다 ①
## 아웃풋 하기

　어휘력을 늘리는 과정 중 마지막 단계인 '외우기'는 가장 높은 벽이자 어휘력 향상을 결정 짓는 진짜 열쇠를 쥐고 있다. 중요한 것은 단어를 검색한 순간에 '좋아 다 외웠어' 하고 끝내서는 안 된다. 그 이유를 지금부터 살펴보자.

### '외웠다고 생각했는데' 외운 게 아니다

　그때는 분명 외운 것 같았는데 시간이 지나면 점점 기억나지 않는다. 원래 뇌의 구조가 그러하다. 일을 할 때 다양한 정보가 머릿속으로 끊임없이 밀려 들어온다. 뇌는 이러한 정보들을 가려내며, 자주 사용하는 정보는 '상기할 수 있는 상태로 기억'하고 사용하지 않는 정보는 상기되지 않도록 설정한다. 결국 '자주 사용하는 정보는 잊지 않는' 셈이다. 그 정보를 자주 사용하면 뇌가 '중요한 정보'라고 인식해 언제든 떠오르는 형태로 저장한다.

### 사용한다 = 아웃풋 하다

그렇다면 '사용한다'란 어떤 의미일까? 이는 뇌에 보관하지 않고 꺼내어 말하거나, 글을 쓰거나, 다른 사람에게 알려 준다는 뜻이다. 즉 아웃풋이다. 아웃풋이 자주 일어난 정보는 장기 기억으로 저장되어 언제든 꺼내 사용할 수 있는 단어가 된다.

### 인풋 → 아웃풋 속도가 중요하다

새로운 단어를 입력했다면 바로 출력해야 좋다. 최적의 시간은 30분 이내다. 아웃풋 빈도는 2주에 3회 이상이 좋다. 인풋을 한 후에 2주 안에 여러 번 사용된 정보는 뇌가 '중요한 정보'로 인식해 '측두엽'의 장기 기억에 저장된다.

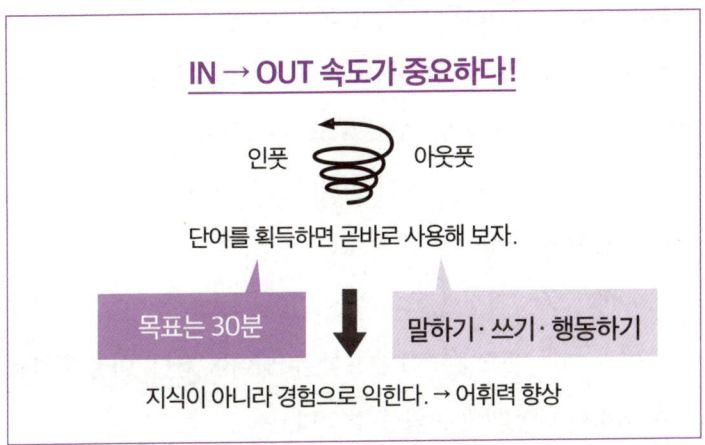

## POINT 08 | 단어를 외우다 ②
## '사용할 수 있는' 상태로 만들기

단어를 외울 때 알아야 할 중요한 사항이 있다. 항상 '외우다 = 사용할 수 있다'라는 공식이 성립되지는 않는다는 것이다. 이번 장의 부제목은 ['사용할 수 있는 단어'를 늘린다]이다. 이 말의 진짜 의미를 살펴보자.

### 암기하기만 해서는 안 된다

문장 전문가로 일하다 보니 글을 쓸 때는 물론이고 문장 수업에서 학생들을 가르치거나 기업 연수를 나갈 때도 수많은 단어가 필요하다. 언제나 그 상황과 그 사람에게 가장 어울리는 말을 쓰려고 노력하고 있다.

지금도 많을 때는 하루에 열 번 이상 단어의 뜻을 찾아보며 매일 인풋을 위해 꾸준히 노력하고 있다. 그런데 찾았다고 거기서 끝이 아니다. '입력했으니까 할 일을 다 했다'가 아니라는 이야기다. 단순히 단어를 많이 안다고 해서 곧 진정으로 어휘력이 풍부하다고 할 수는 없기 때문이다.

내가 생각하는 '진정한 어휘력'은 '언어 활용 능력'이다. 즉 입력한 단어를 때와 장소에 맞게 활용할 수 있어야 한다. 이것이 가능해야 '어휘력이 높다'라고 말할 수 있다.

## 단어를 알고 있다 ≠ 사용할 수 있다

'단어를 많이 알고 있으면 많이 사용할 수 있지 않을까?'라고 생각하는데 정말로 그럴까? '긍지'를 예로 보자. 긍지는 자존심이나 자긍심을 뜻하는 말이다. 이를 지식으로 알고 있는 사람은 많겠지만 과연 평소에도 이 말을 쓰고 있을까?

이를 옷장 안에 케케묵은 양복에 비유할 수 있다. 옷장에 걸려 있으니 필시 당신의 옷이다. 그런데 걸려만 있고 입지 않는 옷들이 더 많지 않은가? 결국 가까이 있는 옷만 계속 돌려 입고 구석에 있는 옷은 입지 않는다.

단어도 마찬가지다. 뇌 깊숙한 곳에 넣어 두면 꺼내기가 힘들다. 뇌의 귀중한 용량을 차지하고 있는데 꺼내지 못한다면 의미가 없다. 뇌에 저장된 단어이니 필요할 때만큼은 바로 꺼낼 수 있는 상태여야 한다.

역설적으로 들릴 수도 있지만 그러기 위해서는 '아무튼 사용'해야 한다. 단어는 사용할수록 꺼내기 쉬운 위치로 이동한다. 그러면 필요한 상황에 쏙 꺼낼 수 있다.

# POINT 09 | 단어는 아는데 '어휘력'은 부족한 이유

단어를 알고 있지만 사용하지 못하는 이유를 더 구체적으로 설명하고자 한다. 어휘에는 두 가지 종류가 있다. 하나는 '이해 어휘', 다른 하나는 '사용 어휘'다. 단어를 알고 있어도 활용하지 못하는 원인이 여기 있다.

## '사용 어휘'로 가치를 매기다

이해 어휘란 지식으로써 이해하고 있는 단어를 말한다. 머릿속에 저장되어 있어 누군가 그 단어를 말하면 의미를 이해할 수 있다. 그에 반해 사용 어휘는 내가 평소에 사용하는 단어를 말한다. 대화하거나 글을 쓸 때 사용하는 단어다. 이해 어휘와 사용 어휘 모두 어린 시절부터 점점 그 양이 늘어나지만, 사회에 나갔을 때는 사용 어휘로 그 사람의 가치를 매긴다. 왜냐하면 사용 어휘가 풍부한 사람일수록 다양한 단어를 사용해 표현이 다채롭고 명확하여 유창하게 언어화할 수 있기 때문이다.

| 이해 어휘 | 사용 어휘 |
|---|---|
| • 지식으로서 머릿속에 있는 말<br>• 보고 들었을 때 이해할 수 있다. | • 평소에 사용하는 말<br>• 내가 사용할 때도 이해할 수 있다. |

그렇다면 다음 중 누구의 어휘력이 더 높을까?

A 이해 어휘 500개, 사용 어휘 100개인 사람
B 이해 어휘 300개, 사용 어휘 150개인 사람

정답은 B다. 아무리 단어를 많이 알아도 활용하지 못하면 어휘력이 높다고 할 수 없다. 물론 단어의 뜻을 알고 있으면 책을 읽거나 이야기를 들을 때 인풋에 들이는 수고를 덜 수 있다. 하지만 아무리 이해 어휘가 풍부해도 사용 어휘가 부족하면 아웃풋이 어려워진다. 뇌 깊숙한 곳의 단어는 꺼내지 못하고 가까이에 있는 쉬운 단어만 사용한다면 '어휘력이 부족한 사람'으로 보일 수도 있다.

이해 어휘를 사용 어휘로 활용하려면 실패를 두려워하지 말고 계속해서 써야 한다. 아웃풋을 통해 사용 어휘를 풍부하게 늘려야 한다. 실전에서 '사용할 수 있는 단어'의 가짓수를 늘려야 어휘력이 진정으로 향상된다는 것을 명심하자.

즐거운 언어화 훈련 ❶

# 사용할 수 있는 단어를 늘리는 게임

즐기면서 어휘력을 높이는 게임을 소개한다.
자투리 시간에도 할 수 있는 게임들로 준비했다.
하루에 하나씩, 재밌어 보이는 게임부터 도전해 보자.
혼자서도 할 수 있는 게임이지만 친구나 가족과 함께
논다는 느낌으로 하면 더 큰 효과를 얻을 수 있다.
게임 이름 옆의 챗GPT 표시는 챗GPT를 활용해서
할 수 있는 게임이라는 뜻이다.
자세한 내용은 72쪽의
〈챗GPT를 활용한 '어휘력' 훈련〉을 참고하자.

## ❶ 다른 표현으로 바꾸기 게임  챗GPT

제시어로 나온 단어를 다른 말로 바꾸어 표현하는 게임이다. 시간을 정해 놓고 최대한 많이 써 본다.

---

[예제]
활발한 사람

[예시 답안]
밝은 사람, 쾌활한 사람, 늘 목소리가 큰 사람…

**생각해 보세요!**
아래의 단어를 다른 말로
바꾸어 보세요.

[제시어]
### 용기 있는 사람

예시 답안은 다음 쪽에!

[예시 답안]

- 용감한 사람
- 용감무쌍한 사람
- 용자
- 두려움을 모르는 사람
- 결단력 있는 사람
- 맞서 싸울 힘이 있는 사람
- 시련에 굴하지 않는 사람
- 불굴의 정신을 가진 사람
- 배짱 있는 사람
- 도전적인 사람
- 위험을 두려워하지 않는 사람
- 강인한 의지가 있는 사람
- 기세가 넘치는 사람
- 용맹 과감한 사람
- 담대한 사람
- 대담한 사람
- 호기로운 사람
- 역경에 강한 사람
- 굳센 사람
- 호방한 사람
- 강직한 사람
- 무모한 사람
- 방담한 사람
- 낙담하지 않는 사람
- 대담무쌍한 사람
- 모험심이 있는 사람
- 불요불굴의 정신이 있는 사람
- 견인불발의 마음이 있는 사람
- 무턱대고 행동하는 사람
- 포기하지 않는 사람
- 확고한 신념의 소유자
- 목숨 아까운 줄 모르는 사람
- 저돌적인 사람
- 당당한 사람
- 배포가 있는 사람

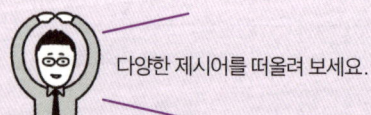

다양한 제시어를 떠올려 보세요.

## ❷ 연상 게임 word association test  챗GPT

하나의 단어에서 떠오르는 단어를 제한 시간 내에 최대한 많이 써 보는 게임이다. 다양한 각도에서 연상하면 떠올리기 쉽다.

[예제]
여름방학

[예시 답안]
바다, 뭉게구름, 숙제, 가족 서비스 …

생각해 보세요!
다음 단어에서 연상되는 단어를 떠올려 보세요.

[제시어]
사과

예시 답안은 다음 쪽에! ➡

### [예시 답안]

- 사과나무
- 사과 농장
- 장미과 낙엽교목
- 낮은 칼로리
- 사과꽃
- 사과 씨앗
- 사과 식초
- 사과주
- 스무디
- 산미
- 새콤달콤
- 토끼 모양으로 깎은 사과
- 빨간색
- 푸른색
- 청송 사과 (브랜드)
- 식이섬유
- 과수원
- 말린 사과
- 구운 사과
- 감염성 홍반
  ('사과병'이라는 별명으로 불린다.)
- 사과 주스
- 애플파이 (디저트)
- 삶은 사과
- 에덴의 지혜의 열매
  (사과와 비슷하게 생겼다.)
- 윌리엄 텔
  (소년의 머리 위에 사과를 올려놓고 활을 쏘아 맞힌다.)
- Apple (기업)
- 뉴턴
  (나무에서 사과가 떨어지는 모습을 보고 '만유인력의 법칙'을 발견했다.)

 오감, 품종, 인물 등 여러 각도에서 연상해 보았나요?

## ❸ 라임 맞추기 게임

래퍼처럼 제시된 제시어의 모음에 운율을 맞추는 게임이다. 시간을 정해 놓고 최대한 많이 써 보자. 실제로 소리 내면서 생각하면 쉽게 떠올릴 수 있다.

[예제]
꿈결

[예시 답안]
잠결, 숨결, 살결, 물결, …

**생각해 보세요!**
다음 단어와 라임이 맞는 단어를 써 보세요.

[제시어]
**공백**

* 라임이 완벽하게 일치해야 하는 것은 아니다.
귀로 들었을 때 발음이나 음의 고저, 강약, 리듬 등의 요소도
고려해 라임이 자연스럽게 느껴지면 된다.

예시 답안은 다음 쪽에!

### [예시 답안]

- 고백
- 오백
- 동백
- 올백
- 독백
- 동맥
- 소맥

- 고백 go back
- 피드백 feedback
- 아웃백 outback
- 드로우백 drawback
- 스냅백 snapback

- 숙맥
- 문맥
- 정맥
- 인맥
- 산맥

### [제시어] 사랑

- 자랑
- 방랑
- 노랑
- 너랑
- 나랑
- 신랑
- 레스토랑
- 보람

- 바람
- 사람
- 자람
- 일람
- 알람
- 우람
- 신앙
- 재앙

- 추앙
- 격앙
- 중앙
- 아리랑
- 파랑

뇌의 구석에 있는 단어를 발굴하면 이해 어휘가 사용 어휘로 바뀝니다.

### ❹ 설명 게임  챗GPT

설명 게임은 다른 사람과 함께하는 게임이다. 한 명이 먼저 단어를 정한 뒤 자세하게 설명한다. 설명을 들은 다른 한 명은 어떤 단어인지 맞힌다. 챗GPT를 활용하면 혼자서도 게임을 즐길 수 있다. 여기서는 '제시어'를 설명하는 연습을 해 보자.

---

[예제 (머릿속에 떠오르는 단어)]
모니터

[설명 예시]
컴퓨터나 TV 등 화면이 비치는 부분의 하드웨어다. 상품을 시연하는 사람이라는 의미로도 사용된다.

생각해 보세요!
다음 단어를
설명해 보세요.

[제시어 (머릿속에 떠오르는 단어)]
문구 文具

예시 답안은 다음 쪽에! ➡

[설명 예]

글을 쓰거나, 서류를 작성하거나, 책을 읽는 등 정보를 습득하고 꺼내 쓸 때 사용하는 도구다. 서재나 일하는 공간에 많다. 예를 들면 연필, 만년필, 메모장, 포스트잇, 풀, 스테이플러, 클리어 파일 등이 있다. 학용품과 사무용품 따위를 통틀어 쓰는 말이다.

설명하는 사람은 추상적인 말을 구체적인 말로 바꾸는 연습을 합니다.
설명을 듣는 사람은 정보를 요약해서 단어로 설명하는 연습을 합니다.

## ❺ 작가 역할 놀이 게임

작가 역할 놀이 게임은 당신이 평소에 좋아하는 문장을 손으로 필사하는 게임이다.

> **[필사 대상]**
> **당신이 좋아하는 문장**

> **[필사의 장점]**
> 원래 문장을 토씨 하나 틀리지 않고, 변형 없이 그대로 따라 쓴다. 필사하면 아래와 같은 효과를 얻을 수 있다.
>
> ☐ 다양한 지식
> ☐ 관용 표현이나 사자성어
> ☐ 문체나 문법
> ☐ 단어나 표현을 고르는 방법
> ☐ 문장의 운율을 맞추고 구두점을 찍는 방법
> ☐ 문장의 시작과 논점을 만드는 방법
> ☐ 저자의 생각과 의견, 사상을 드러내는 방법
> ☐ 이유나 근거를 제시하는 방법(설득력을 높이는 방법)

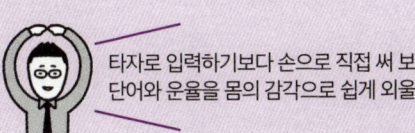
타자로 입력하기보다 손으로 직접 써 보세요.
단어와 운율을 몸의 감각으로 쉽게 외울 수 있습니다.

Column AI 시대의 언어화 ②

# 챗GPT를 활용한 '어휘력' 훈련

**단어를 '학습' 하는 용도로도 활용할 수 있다**

아웃풋의 효율과 생산성을 높이기 위해 챗GPT를 활용하는 사람이 늘어났다. 챗GPT에게 대신 글을 써 달라고 요청하는 방법이 그 예다. 그러나 챗GPT를 아웃풋의 용도뿐 아니라 인풋의 용도로도 활용했으면 한다.

모르는 단어를 검색할 때 챗GPT는 굉장히 편리하다. '△△의 유의어를 알려 줘'라고 입력하면 바로 유의어가 표시되고, 그중 모르는 단어가 있으면 '□□를 자세하게 알려 줘'라고 물으면서 더 깊이 파고들 수 있다.

하지만 많이 알려진 일반 지식은 비교적 정확도가 높은 반면 특정 분야나 특정 인물 및 정보 등은 정확도가 떨어질 때도 있다. 따라서 챗GPT가 제시한 답변을 맹목적으로 믿어서는 안 되며 정말로 정확한 정보인지 한 번 더 확인해야 한다. 이 과정을 통해 양질의 인풋을 기대할 수 있다.

> 챗GPT로 '사용할 수 있는 단어'를
> 늘리는 게임을 해 보자!
>
> 각 프롬프트 예시를 35쪽의 상자 A에 입력해 보자.

● **다른 표현으로 바꾸기 게임** (63쪽 참조)

[제시어] **용기 있는 사람**

[프롬프트 예시]

> 다음 단어를 표현할 수 있는 다양한 말들을 많이 알려 줘. '용기 있는 사람'

[챗GPT 예시 답안]

> 물론입니다! '용기 있는 사람'을 다양한 방식으로 표현할 수 있습니다.
> 예를 들면 아래와 같습니다.
>
> 1. 대담한 사람
> 2. 겁 없는 사람
> 3. 용맹한 사람
> 4. 강심장인 사람
> 5. 담대한 사람
> 6. 배짱 있는 사람
> 7. 강한 의지를 가진 사람
> 8. 도전적인 사람
> 9. 자신감 있는 사람
> 10. 불굴의 의지를 가진 사람
> 11. 결단력 있는 사람
> 12. 단호한 사람
> 13. 기개 있는 사람
> 14. 신념이 있는 사람
> 15. 기백 있는 사람
> 16. 강철 같은 심장을 가진 사람
> 17. 불굴의 정신을 가진 사람
> 18. 절대 물러서지 않는 사람
> 19. 위험을 두려워하지 않는 사람
> 20. 역경에 맞서는 사람

챗GPT 보다 적절한 단어를
더 많이 떠올렸나요?

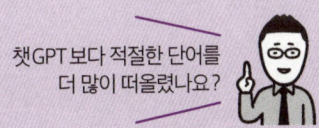

● 연상 게임 (65쪽 참조)

[제시어] 챗GPT에 제안한다.

[프롬프트 예시]

#설정
당신(챗GPT)은 연상 게임의 대전 상대입니다.

#연상 게임 설명
연상 게임이란 하나의 단어에서 연상되는 단어를 번갈아 가며 말하는 게임입니다.

#게임 규칙
당신이 단어를 말하면 게임이 시작됩니다. 당신이 말한 단어에서 연상되는 단어를 내가 말합니다. 그러면 당신이 그 단어에서 연상되는 단어를 말합니다. 이 과정을 5회 반복합니다.

#보충 설명
5회 번갈아 반복하면 게임이 종료됩니다. 게임에 대해 총평해 주세요.

[챗GPT와의 대화 예시]

| | |
|---|---|
| 챗GPT | 이해했습니다! 연상 게임을 시작하겠습니다! 첫 번째 단어는 '태양'입니다. 당신이 연상한 단어를 기다리고 있습니다. |
| KE | 흑점 |
| 챗GPT | '흑점'에서 연상한 단어는 '태양 활동'입니다. 당신의 다음 단어는 무엇인가요? |
| KE | 우주 |

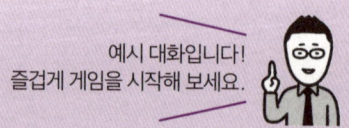

예시 대화입니다!
즐겁게 게임을 시작해 보세요.

● 설명 게임 (69쪽 참조)

[제시어] 챗GPT에 제안한다.

[프롬프트 예시]

> #전제
> '설명 게임'이란 당신이(챗GPT) 어떤 설명을 하면 그것이 무엇인지 내가 맞추는 게임입니다.
>
> #지시
> 당신과 '설명 게임'을 시작합니다.
>
> #보충 설명
> 내가 '힌트 주세요'라고 말하면 힌트를 줍니다.
>
> #보충 설명
> 내가 '어렵게 설명해 주세요'라고 말하면 문제 난이도를 높입니다.
>
> #보충 설명
> 설명 게임이 종료되면 당신은 이번 설명 게임에 대한 총평을 해 주세요.

프롬프트가 어떤 역할을 해야 하는지 #을 붙여 입력하면 챗GPT가 더 쉽게 이해합니다.

[챗GPT와의 대화 예시]

챗GPT    이해했습니다! 설명 게임을 시작하겠습니다. 첫 번째 설명입니다.

설명    이것은 일본의 전통적인 미술품으로 다도에서 많이 사용됩니다. 보통 도자기나 자기로 만들어지고 디자인이 다양합니다. 일반적으로는 차를 끓이거나 마실 때 사용합니다. 이것은 무엇일까요? 추측해 보세요!

KE    찻종

챗GPT    정답입니다! 이것은 찻종입니다. 다도에서 사용하는 중요한 도구 중 하나입니다. 다음 설명으로 넘어가겠습니다.

설명    이것은 일상에서 사용되는 크기가 작은 가전제품으로 주로 식재료를 썰거나 섞는 용도로 사용합니다. 일반적으로는 회전하는 칼날이 달려 있는 것과 그릇 모양의 용기가 세트로 구성되어 있습니다. 요리할 때 굉장히 편리한 물건입니다. 이것은 무엇일까요?

추측해 보세요!

KE    푸드 프로세서

챗GPT    정답입니다! 이것은 푸드 프로세서입니다. 이것은 재료 손질에 편리한 주방 가전입니다.

다음 설명으로 넘어가겠습니다.

설명    이것은 목도나 죽도를 사용해 상대와 겨루는 스포츠입니다. 연습 경기나 시합에서는 특별 보호 장비를 착용합니다. 공격과 수비의 기술이 중요하고 정신적인 집중력도 필요합니다. 이것은 무엇일까요?

알고 있는 단어인데 떠오르지 않는 증상을 좋아지게 하는 효과도 있습니다.

# CHAPTER 2
## STEP 2

# 구체화 능력을 강화하다

- 정보의 '해상도'를 높이는 방법 -

**어느 쪽이 더 상상하기 쉬울까?**

## 구체적이지 않은 정보

개가 이쪽을 보고 있다.

해상도가 낮다.

# 구체적인 정보

35도를 넘긴 한낮.
거대한 저택의 문 너머에서 혀를 내밀고
헉헉대며 침을 흘리는 불독이
땅에 바싹 엎드려 이쪽을 보고 있다.

해상도가 높다.

'그림' 이미지가 떠오르지 않으면 상대에게
정확하게 전달할 수 없습니다.

## POINT 01 | 구체화란 '단어의 해상도를 높이는 것'

'말이 두루뭉술하고 모호해서 이해되지 않는다', '기획안 세부 사항이 구체적이지 않아 이미지가 떠오르지 않는다.' 이런 상태를 '해상도가 낮다'라고 한다.

해상도란 디스플레이나 그림의 화소나 점들의 '밀도'를 가리키는 지표를 말한다. '해상도가 낮으면 = 밀도가 낮으면' 그림이 흔들리고 거칠며 선명하지 않다. 반대로 '해상도가 높으면 = 밀도가 높으면' 세세한 부분까지 또렷하게 보이는 선명한 그림이 된다.

STEP 2의 '구체화'도 이와 비슷하다. 구체화는 말의 해상도를 높이는 중요한 과정이다. 만약 간략한(=저해상도) 정보가 하나밖에 없는 경우, 상대에게 모호하게 전달될 수밖에 없다. 너무 추상적이어서 머릿속에 떠오르는 이미지가 서로 다르기도 하다.

반대로 구체적인 정보가 세 개나 있으면 상대는 '그것'의 이미지를 쉽게 떠올린다. 그러면 내가 전달하는 내용과 상대가 받아들이는 내용의 엇갈림이 줄어 소통 과정에서 오해를 방지할 수 있다. 단어의 해상도를 높이는 구체화 작업은 언어화의 가장 중요한 주제라고 해도 과언이 아니다.

## 구체화는 해상도를 높이는 작업

### 해상도가 낮다

- 명료하지 않다. (= 선명하지 않다.)
- 오해받기 쉽다.
- 구체성이 없고 구체적인 예시도 적다.
- (상황이 잘 이해되지 않아) 스트레스를 받는다.
- 머릿속이 정리되지 않는다.
- 선택지가 적다. (= 선택·판단·행동을 못 한다.)
- 논리가 쉽게 무너진다. (= 맥락이 없다.)
- 주변에 공유가 잘 되지 않는다.

### 해상도가 높다

- 명료하다. (= 선명하다.)
- 오해받지 않는다.
- 구체성이 있고 구체적인 예시도 풍부하다.
- (상황이 잘 이해되어) 스트레스를 받지 않는다.
- 머릿속이 정리되어 있다.
- 선택지가 많다. (= 선택·판단·행동한다.)
- 논리적이다. (= 맥락이 있다.)
- 주변에 공유가 잘 된다.

## POINT 02 | 언어화의 본질은 구체화에 있다

'구체화'와 '전달법'의 관계가 이해되지 않는 사람도 있을 것이다. '구체적'이라는 말은 STEP 3의 전달법에 대한 설명이라고 생각할 수도 있다. 하지만 내가 생각하는 '구체화'는 '맨 마지막에 어떤 정보를 어떻게 전달할지를 결정하기 위해 제공하려는 정보를 세부적으로 분해하는 작업'이다.

본래 인간은 자신이 잘 모르는 것을 다른 사람에게 전달할 수가 없다. 즉 언어화가 서툰 사람들 대부분은 '전달하려는 정보가 머릿속에 잘 떠오르지 않는다.'

이를 깨닫지 못하는 한은 아무리 전달법을 배운다 해도 의미가 없다. 0은 무엇을 곱해도 0이다. 노력하려고 해도 기본이 없는 상태이니 상대에게 전달되지 않는 것도 당연하다.

나는 STEP 1, 2, 3 중에서 특히 STEP 2가 중요하다고 생각한다. '구체화'하는 방법을 습관화하고 평소에 꾸준히 실천하면 누구든 언어화 능력이 향상된다.

자신도 잘 모르는 두루뭉술한 내용은 다른 사람에게 전달되지 않습니다.

## 구체화하지 않은 정보는 전달되지 않는다

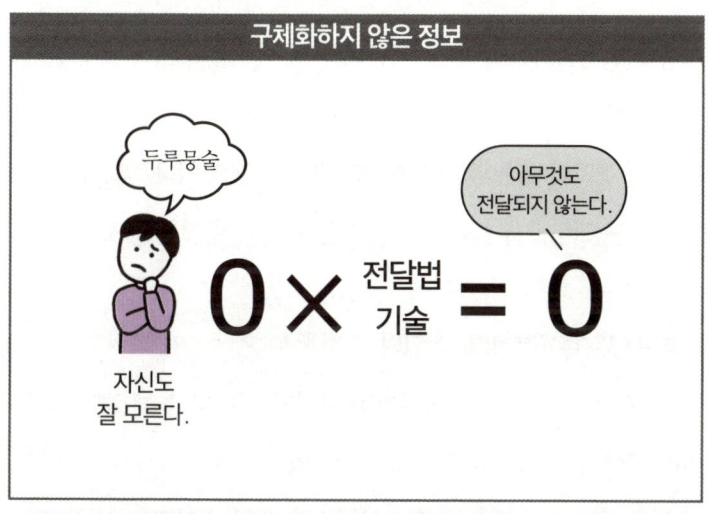

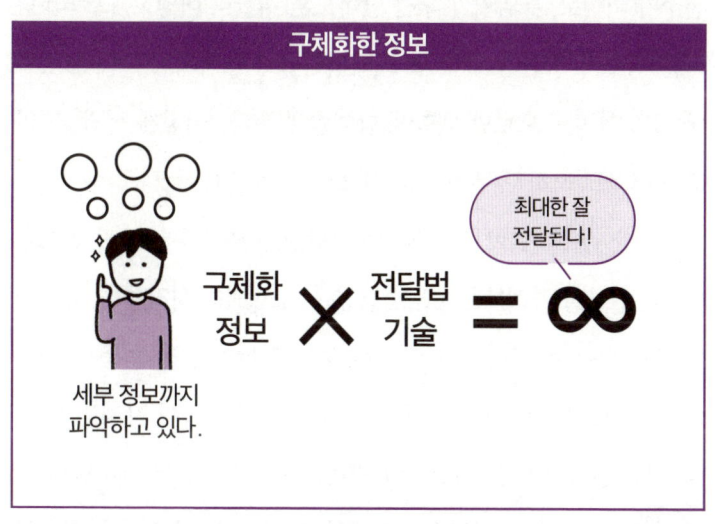

## POINT 03 | 좋아하는 것은 왜 구체적으로 말할 수 있을까?

생각을 정리하지 못해서 자신만의 의견이 없다며 좌절해 본 경험이 있을 것이다. '무슨 말을 하고 싶은 건지 나도 잘 모르겠다.' 왜 이런 생각이 드는 걸까? 하지만 걱정할 필요 없다. 당신을 비롯해 누구든 해상도를 높이고 구체화할 수 있는 주제를 가지고 있다.

### 흥미 있는 주제는 말할 수 있다

친구들과의 모임에서 격투기 이야기가 나왔다고 해 보자. 격투기를 좋아하는 A는 신이 나서 쉴 새 없이 떠든다. 기술이 어떻고, 선수가 어떻고, 분위기가 후끈 달아오른 시합이 어떻고. 그런데 당신은 격투기에 관심이 없다. 그래서 '아~', '대박이네', '응 그렇구나' 정도의 반응으로만 대화에 참여할 뿐이다. '어떻게 생각해?'라고 물어봐도 딱히 아무 생각도 떠오르지 않는다.

그러다 축구 이야기로 넘어갔다. 당신은 축구를 굉장히 좋아한다. '내가 나설 차례다!' 하면서 당신은 입을 열기 시작한다. 유럽에서 유명한 선수, 좋아하는 팀, 좋아하는 감독이나 전술 등등. 친구의 질문에도 막힘없이 대답한다. 어떻게 하면 한국이 강해질 수 있을까? 어떤 플레이를 지향해야 할까? 아이디어와 생각이 술술 말로 나온다. 이 예시를 통해 무엇을 알 수 있을까? 답은 아주 간단하다. '사람은 누구나 자신이 관심 있는 주제에 대해서는 정보를 많이 가지고 있어 구체적으로 말할 수 있다.'

### 항상 '왜?'라는 질문을 던진다

왜 관심 있는 주제에 대해서는 신나게 떠들 수 있을까? 관심이 있으면 '왜 ○○은 이렇게 ○○할까?' 같은 세밀한 부분까지 구체적으로 관찰하고 조사하기 때문이다. 게다가 '마음'이 열정적인 만큼 감정도 풍부해진다. 그 마음을 꺼낼 때 저절로 구체화된다.

언어화 능력을 늘리고 싶다면, 관심 있는 분야나 주제에 대한 '자세한 정보를 구체적으로 파악하는' 무의식적인 작업을 의식적으로 해 보자. 구체화 능력이 높아질수록 언어화 능력도 향상된다.

자세한 정보를 얻으려면 평소에 '왜?'라고 질문하자.

## POINT 04 | '사실'은 일단 '5W3H'로 구체화한다

정보를 자세하게 얻으려면 가장 먼저 '5W3H'를 활용해야 한다. '5W3H'란 When(언제), Where(어디서), Who(누구), What(무엇을), Why(왜), How(어떻게), How many(얼마큼), How much(얼마)이며, 정보를 이해하기 쉽게 전달하기 위한 기본 질문이다.

보고서를 제출했을 때 담당자가 '이게 무슨 뜻이죠?', '잠깐만요, 이 부분 잘 모르겠네요'라고 되물어 본다면 '5W3H' 중 어느 하나가 빠져 있을 가능성이 높다.

또 말로 전달할 수 있는 상황이라면, 상대가 그 자리에서 '무슨 뜻인가요?'라는 질문에 즉각적으로 보충 설명을 할 수 있다. 하지만 글은 그렇지 않다.

새로운 고객에게 서비스 안내 메일을 보낸 상황이라고 해 보자. 만약 메일 수신자가 서비스에 관심이 있다고 해도, 가장 중요한 서비스 개시일이 메일에 적혀 있지 않다면 굳이 문의하지 않고 기억에서 잊을 것이다. 이대로면 노력이 물거품이 된다. 노력을 헛되이 하지 않기 위해서 구체적인 '사실'을 파악할 때 '5W3H' 중 빠진 부분이 없는지 철저하게 확인해야 한다. 이제 5W3H를 활용해 구체화를 연습해 보자.

## 사실을 구체화할 때 '5W3H'를 활용한다

When = 언제·언제까지 (기한·기간·시기·일정·시간)

Where = 어디로·어디에서 (장소)

Who = 누가·누구에게 (주체자·대상자·담당·역할)

What = 무엇을·무엇이 (목적·목표·용건)

Why = 왜·어째서 (목적·이유·근거·원인)

How = 어떻게 (방법·수단·순서·상태·모습)

How many = 얼마큼 (정도·수량)

How much = 얼마 (가격·비용)

완벽하게 맞지 않더라도
우선 적용해 보는 자세가 중요합니다.

| 이럴 때<br>유용하게<br>사용할 수 있다 | • 업무 일지 기록<br>• 진척 상황 보고<br>• 문제 상황 보고 | • 이벤트 통지<br>• 업무 요청<br>• 업무 연락 |

실제로 따라 해 보세요!
## [문제 상황 보고 메일]

당신은 신제품 프로젝트를 담당한 리더다. 그런데 제조에 필요한 부품 납품이 지연되고 있다. 이대로라면 판매에도 차질이 생길 우려가 있다. 팀원에게 상황을 보고하라고 지시했더니 다음과 같은 메일이 왔다. 더 이해하기 쉽게 전달하려면 어떤 정보가 추가되어야 할까?

● 보고 메일의 잘못된 예시

○○ 님

수고하십니다.
중국 공장에서 문제 상황이 발생했습니다. 직원들이 급여 인상을 요구하고 있습니다. 이런 이유로 제품 제조에 지연이 발생하고 있습니다.

잘 부탁드립니다.

정보를 5W3H로 구체화하려면 ➡

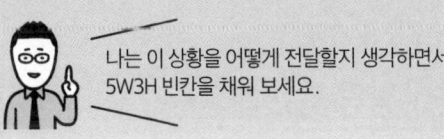
나는 이 상황을 어떻게 전달할지 생각하면서
5W3H 빈칸을 채워 보세요.

When:

Where:

Who:

What:

Why:

How:

How many:

How much:

● 보고 메일에서 고쳐야 할 부분

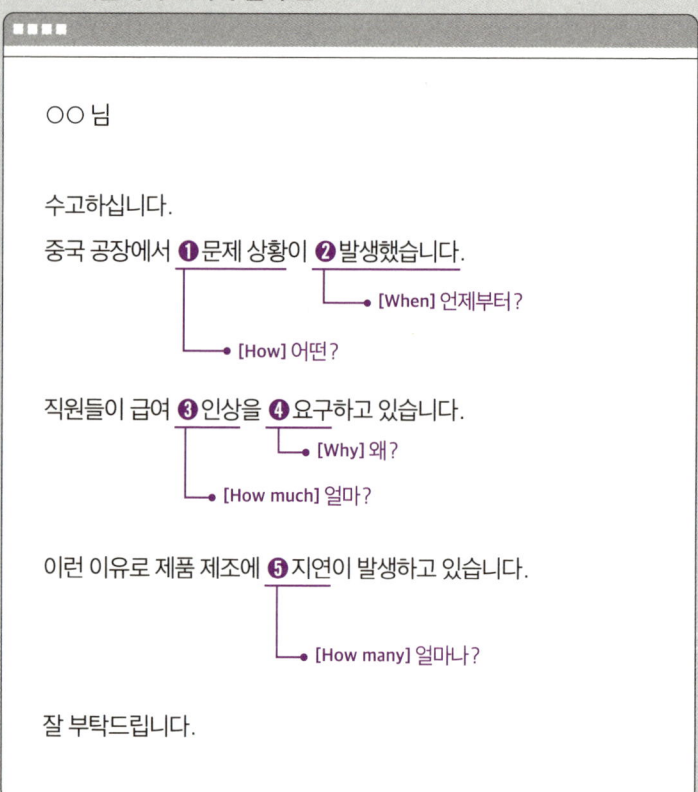

## 5W3H로 구체화

| When | 11월 1일 (문제 상황 발생 날짜) |
|---|---|
| Where | 중국 공장 |
| Who | 현지의 직원 전원 |
| What | 임금 인상을 요구하고 있다. |
| Why | 상시 초과근무에 불만이 있다. |
| How | 파업하고 있다. |
| How many | 닷새간 지연 |
| How much | 현재의 1.5배 수준의 급여 요구 |

● 보고 메일의 좋은 예시

○○ 님

수고하십니다.
중국 공장에서 11월 1일에 문제 상황이 발생하였습니다. 상시 초과근무에 불만을 가진 현지 직원 전원이 현재의 1.5배 수준의 급여 인상을 요구하며 파업하는 중입니다.
이러한 이유로 제품 제조가 닷새간 지연되고 있습니다.

잘 부탁드립니다.

실제로 따라 해 보세요!
# [이벤트 공지 사항]

게시판에 아래와 같은 흥미로운 공지 사항이 올라왔다. '챗GPT 세미나'를 홍보하는 글이다. 관심이 있어 참가할 생각인데 필요한 정보가 모두 적혀 있는가?

● 공지 사항의 잘못된 예시

### 챗GPT 활용 세미나 개최!

[개최일] 12월 1일
[장소] 회의실 A

B 대학 C 교수

미래의 비즈니스 소통에 혁명을 일으킬 화제의 챗GPT. B 대학의 C 교수를 게스트로 초대해 챗GPT 활용 세미나를 개최합니다. AI를 활용해 도태되지 않는 인재가 되어 보세요.

정보를 구체화해 보자.

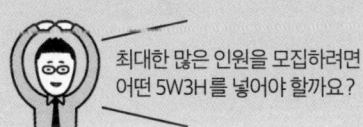

최대한 많은 인원을 모집하려면
어떤 5W3H를 넣어야 할까요?

| |
|---|
| When : |
| Where : |
| Who : |
| What : |
| Why : |
| How : |
| How many : |
| How much : |

● 공지 사항 예시에서 고쳐야 할 부분

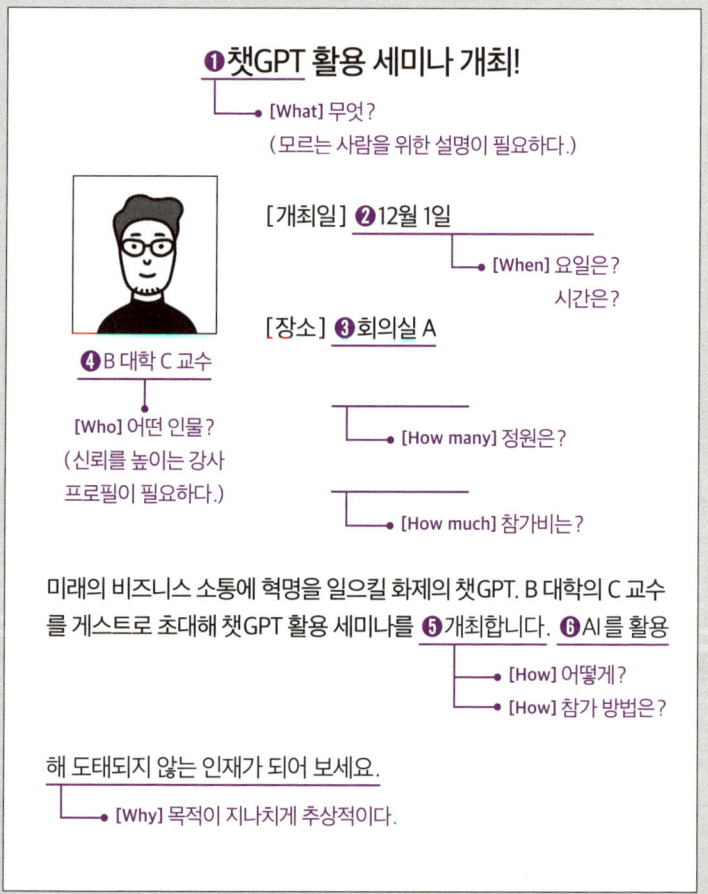

## 5W3H로 구체화

| When | 12월 1일(수) 13~15시 |
|---|---|
| Where | 회의실 A |
| Who | B 대학 C 교수 (실리콘밸리에서 학생을 가르친 IT 전문가. 국내 대기업에서 챗GPT 세미나 100회 이상 개최) |
| What | 챗GPT 세미나 (챗GPT = 최신 대화형 AI) |
| Why | AI를 활용해 일의 효율을 높이고 야근을 없앨 것이다. |
| How | 강사와 함께 챗GPT를 실제로 활용한다. / 당일 선착순 |
| How many | 30명 |
| How much | 참가비 무료 |

● 공지 사항의 좋은 예시

### 챗GPT(최신 대화형 AI)
### 활용 세미나 개최!

B 대학 C 교수
실리콘밸리에서 학생을 가르친 IT 전문가.
국내 대기업 대상으로 챗GPT 세미나를 100회 이상 개최

[개최일] 12월 1일(수) 13~15일
[장소] 회의실 A
[정원] 30명 / 당일 선착순
[참가비] 무료

미래의 비즈니스 소통에 혁명을 일으킬 화제의 챗GPT. B 대학의 C 교수를 게스트로 초대해 강사와 함께 챗GPT를 실제로 활용해 보는 세미나를 개최합니다. AI를 활용해 일의 효율을 높이고 야근을 없앱시다.

## POINT 05 | '의견·감상'은 사고의 폭을 넓히고 깊이를 더한다

'정보나 사실을 빠짐없이 전달하는 것은 어느 정도 할 수 있는데, 자신의 의견이나 감상은 전달하기 어렵다'라는 사람이 많다. 전달하고 싶은 것이 있어도 모호해서 잘 표현하지 못하거나, '재미있다', '대단하다', '슬프다' 같이 막연한 느낌으로 끝나기도 한다. 왜 이렇게 되는 걸까? 해결책을 설명하기에 앞서 원인을 정리해 보자.

### '구체화'로 감정의 싹을 키우다

'의견·감상'을 언어화하지 못하는 원인은 크게 세 가지다.

① 의견이나 감상은 있지만, 다양한 관점이나 사고방식이 복잡하게 얽혀 있어 스스로도 정체를 파악하지 못한다.
② 사고에 깊이가 없다. (= 사고가 얕다.)
③ 사고의 폭이 넓지 않다. (= 사고가 좁다.)

'어딘가 모호한 느낌이 드는' 사람은 ①에 해당하는 경우가 많다. 이 유형은 뒤엉킨 실을 풀 듯 사고를 분해하는 과정이 중요하다. ②, ③은 '아무 생각도 나지 않는다', '말이 나오지 않는다'라는 사람에게서 많이 나타난다. 하지만 걱정하지 않아도 된다. 분명 어딘가에 생각과 감정의 '씨앗'이 있을 것이다. 이 씨앗에 물을 주고 부지런히 키워 보자.

## 왜 자신의 의견이나 감상을 말하지 못할까?

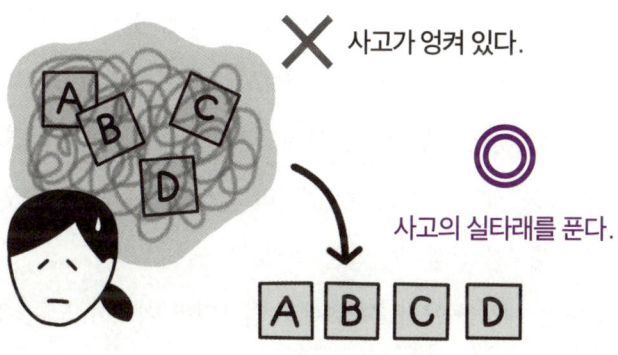

## POINT 06 | 머릿속을 구체화하는 방법 '왜 → 예를 들면'

언어화하지 못하는 원인이 POINT 05의 ①~③ 중에 있더라도 하고 싶은 말을 구체화하고 해상도를 높이는 방법이 있다. 바로 '왜 → 예를 들면' 질문이다. 제일 먼저 떠오른 '간략한 의견 및 감상'에 대해 '왜?'와 '예를 들면?'이라고 스스로에게 질문하면서 의견이나 생각을 점점 구체화할 수 있다.

간단한 예시를 보자. "콩쥐팥쥐 읽으니까 어땠어?"라는 갑작스러운 질문을 받았을 때 나올 수 있는 대답은 "재밌었다" 정도일 것이다. 이 간략한 감상이 바로 '단순한 한마디'이다. 그다음에 '왜 재밌다고 생각했지?'라고 스스로에게 묻는다. 그러면 "동물들이 콩쥐를 도와줬으니까" 같은 답이 나온다. 또 한 번 "예를 들면?"이라고 스스로에게 물으면 '두꺼비, 참새, 황소가 나와 발 벗고 나서서 콩쥐를 돕는' 장면을 떠올릴 수 있다.

이처럼 '왜 → 예를 들면' 방법을 사용하면 콩쥐팥쥐 동화에서 어떤 장면에서 집중했었는지 알게 되고, 재밌다고 생각한 부분이 점점 구체적인 이미지로 변해 눈앞에 나타난다. 그렇다. 말(=질문)이 계기가 되어 당신의 사고가 차례차례 입 밖으로 나온다. 자, 이제 '간략한 한마디', '왜?', '예를 들면?'의 단계적 질문을 사용해 사고를 구체화하는 방법을 더 자세하게 살펴보자.

## [기본형]
## '왜 → 예를 들면' 방법

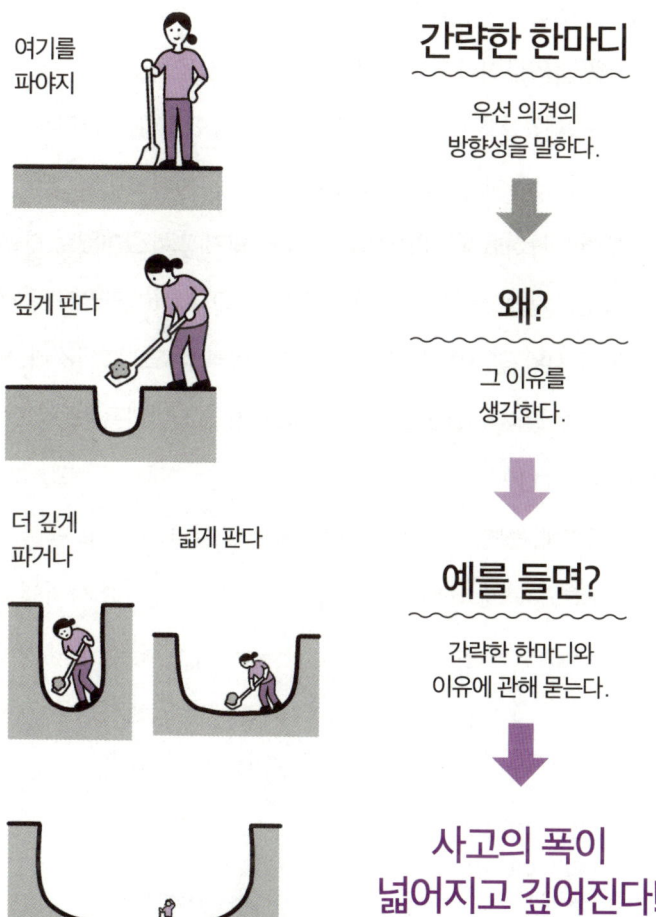

### '간략한 한마디'는 사고의 발판

"그거 맛있어요?", "○○님은 어떤 사람이에요?" 같이 의견이나 감상을 물어보는 경우가 있다. 질문을 받은 당신의 머릿속에는 어떤 답이 떠오를 것이다. 기억은 희미해도 '맛있다', '무서운 사람' 등 어렴풋한 인상이나 느낌은 떠오를 것이다.

우선은 그 인상을 포착해야 한다. 이것이 '간략한 한마디'가 된다. '간략한 한마디'는 구체화의 출발점이다. 여기서부터 '왜? → 예를 들면?' 과정을 거치면 사고의 폭이 넓어지고 깊어진다. 최종 목표 지점이 동일한 '간략한 한마디'여도, 그 사이에 다양한 구체화 정보를 채워 넣으면 밀도가 촘촘해지고 해상도도 높아진다. 언어화의 성공 열쇠는 출발점과 최종 목표 지점 사이의 정보 밀도를 최대한 높이는 데 있다.

참고로 말하자면, '간략한 한마디'에서 출발해 '왜?'와 '예를 들면?' 질문으로 구체화했을 때, 출발점과 최종 목표 지점 사이에 존

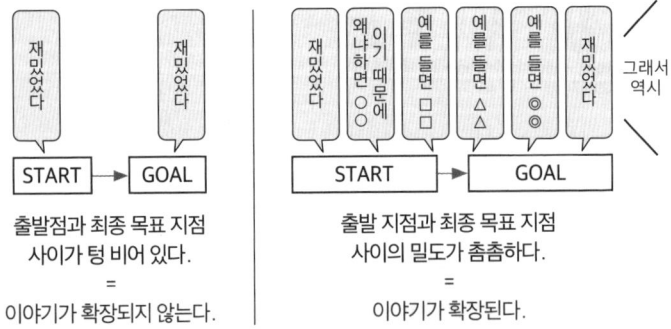

재하는 '간략한 한마디'가 달라지기도 한다. 즉 처음에는 흥미로운 이야기라고 생각했는데 사고에 깊이를 더하고 고찰했더니 원래는 무서운 이야기였다고 깨닫는 경우다. 즉 '간략한 한마디'는 어디까지나 사고에 깊이를 더하기 위한 발판이다. 깊이 생각하지 말고 순간적으로 떠오르는 생각에서부터 출발하면 된다.

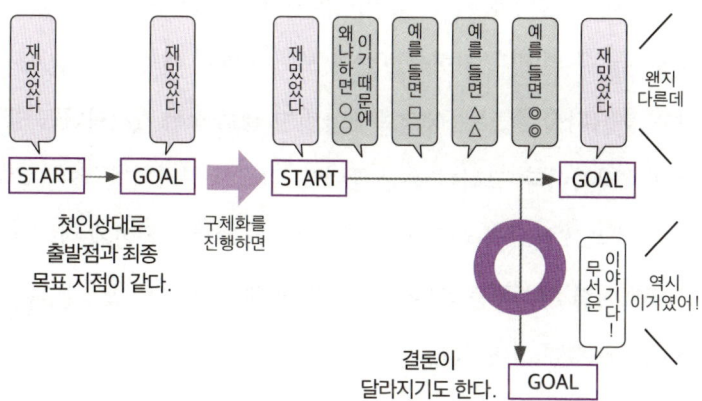

### '왜?'를 통해 내면을 깊이 파고든다

'간략한 한마디'로 의견이나 감상의 '일차적 방향성'을 정했다면 이제 '왜?'라는 질문을 통해 마음속을 깊이 파고들자. 그렇게 느낀 이유가 반드시 존재하기 때문이다. 그 감정에 가까이 다가가 스스로에게 질문해 보자.

'왜 그렇게 생각했어?'

'왜 A가 좋다고 생각했어?'

'간략한 한마디'와 '왜'라는 질문은 한 세트다. '○○'이라는 말의 이면에는 '왜냐하면 △△ 때문이다'라는 심리가 숨어 있기 때문이다. 나아가 '△△'라는 이유가 존재하기에 '○○'라는 말이 나온 것이다. 다만 이 관계에 익숙해지지 못하면 "왜?"라고 스스로에게 물어도 "그냥…"이라고밖에 말하지 못한다.

이럴 때는 종이에 써 보자. 머릿속에서 사고를 완결 짓는 것은 매우 어려운 일이다. 머릿속은 눈에 보이지 않기 때문이다. 보이지 않는 것을 다룰 수 있는 상태로 만들려면 글로 써서 가시화하는 방법이 효과적이다. 그러니 우선 종이에 '간략한 한마디'를 쓴다. 그 뒤 "왜?"라고 묻고서 바로 떠오르는 생각을 재빨리 종이에 적는다. 그러면 어렴풋이 둥둥 떠다니던 "왜?"에 대한 대답이 보이게 되면서 생각은 훨씬 깊어진다.

### '예를 들면'은 마법의 단어

'간략한 한마디' → '왜?'를 통해 왜 그런 느낌이 들었는지 이유를 알았다면, 이번에는 "예를 들면?"이라고 질문한다. 이는 단순히 예시를 드는 것을 넘어 마음속에 여러 가지 생각을 상기시키는 마법의 말이다.

'간략한 한마디'부터 '왜?', '예를 들면?'으로 자문자답을 반복하면 다음 쪽의 그림처럼 점점 나의 마음속을 깊이 이해할 수 있다.

# [발전 형태]
## 사고에 깊이를 더하려면 가지를 늘린다

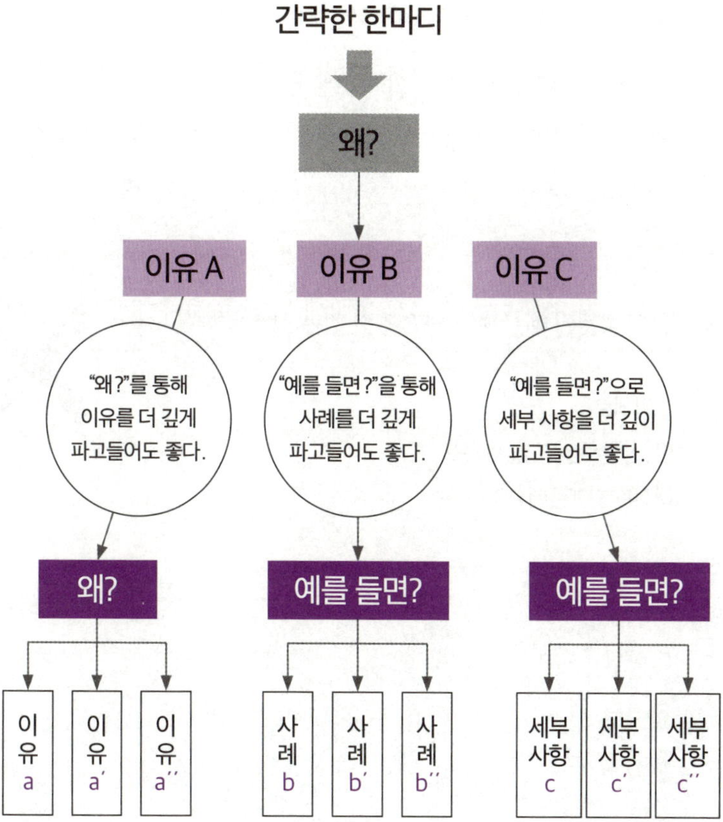

```
           간략한 한마디
                ↓
               왜?
                ↓
     ┌──────────┼──────────┐
   이유 A      이유 B       이유 C
```

- **이유 A** 아래: "왜?"를 통해 이유를 더 깊게 파고들어도 좋다. → **왜?** → 이유 a, 이유 a′, 이유 a″
- **이유 B** 아래: "예를 들면?"을 통해 사례를 더 깊게 파고들어도 좋다. → **예를 들면?** → 사례 b, 사례 b′, 사례 b″
- **이유 C** 아래: "예를 들면?"으로 세부 사항을 더 깊이 파고들어도 좋다. → **예를 들면?** → 세부 사항 c, 세부 사항 c′, 세부 사항 c″

다음 쪽부터는 실제 상황에서 자신의 의견이나 생각에 깊이를 더하고 구체적으로 만드는 연습을 해 보세요.

## 생각해 보세요!
# [상사가 의견을 물었을 때]

한창 일하고 있는데 상사가 "잠깐 시간 괜찮아요?" 하고 말을 걸었다. 화들짝 놀랐지만, 차분하게 "네, 말씀하세요"라고 대답했다. 그러자 상사는 "사무실 의자가 낡아서 바꾸려고 하는데 어떻게 생각해요?"라고 묻는다. 자, 당신은 어떤 대답을 할 것인가?

● 대답의 잘못된 예시 (자신의 의견이 없는 경우)

> 그러게요.
> 아, 정말로 낡긴 낡았네요.
> 바꿔도 되겠는데요?

의견을 구체화해 보자. ➡

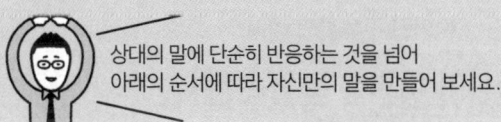

상대의 말에 단순히 반응하는 것을 넘어
아래의 순서에 따라 자신만의 말을 만들어 보세요.

● 의견 구체화

[간략한 한마디]

[왜?]

[예를 들면?]

● 의견 구체화의 예시

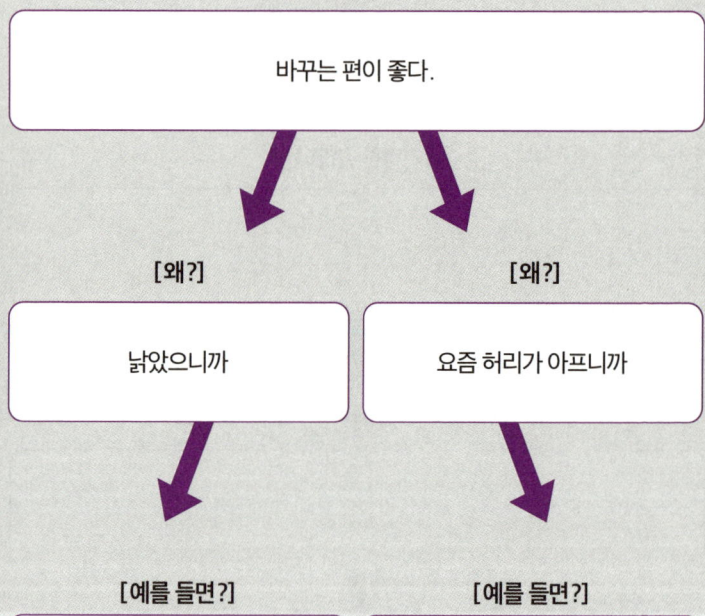

● 대답의 좋은 예시

바꾸는 게 좋겠어요.
의자에 탄력이 없어서 앉으면 삐걱거리는 소리가 나고 시끄럽습니다. 갑자기 쿵 하고 내려갈 때도 있어 불안합니다. 이것 때문인지 요즘에 허리와 엉덩이에 통증이 생겨서 장시간 동안 컴퓨터로 작업하기 힘듭니다.
이대로라면 직원들의 생산성도 저하되고 좌골 신경통으로 고생하는 사람이 생길 것 같습니다. 따라서 바꾸는 게 좋다고 생각합니다.

'왜'와 '예를 들면'으로 구체화만 해도
자신의 의견이 무엇인지 알 수 있습니다!

## POINT 07 | '예를 들면'은 사고를 깊고 넓게 파는 최강의 도구

사고에 깊이를 더하는 수단으로 '왜'라는 물음을 가장 많이 사용한다. 그에 비해 '예를 들면'은 크게 주목받고 있지 않다. 하지만 30년 동안 문장 쓰는 방법을 연구해 오면서 '[예를 들면*]을 활용하는 사람의 이야기가 훨씬 이해하기 쉽다'라고 느꼈다. '예를 들면'이 가진 힘을 함께 살펴보자.

**[강점이 많은 '예를 들면'의 네 가지 역할]**

우선 '예를 들면'의 의미를 확인해 보자.

① 이전에 말한 것을 구체적인 사례를 들어 설명할 때 사용하는 말.
　㉠ 예를 들어 말하면

② 주로 '~와 같다', '~처럼'과 함께 오며, 어떤 것을 다른 것에 비유할 때 사용하는 말. ㉠ 마치

③ 어떤 상황을 가정할 때 사용하는 말. ㉠ 만약, 만일

④ 간단히 말하면, 단적으로 말하면

(출처: 구글 사전)

'예를 들면'을 잘 활용할 수 있게 되면 구체화 능력이 점점 향상

---

\* 역자의 말: 원문에 나온 '例えば'는 주로 '예를 들면', '예컨대'로 쓰이는데요. 이밖에도 마치, 흡사, 비유해서 말하면, 만약, 만일 등의 뜻으로도 쓰입니다.

돼 언어화가 매끄러워진다.

①은 이렇게 쓰인다. '나는 과일을 좋아합니다. 예를 들면 사과와 바나나입니다.'

이 쓰임새를 보면 '과일'이라는 큰 그룹에 속한 단어를 더 작은 그룹으로 세분화한다는 것을 알 수 있다. 다른 예로는 '구기 종목을 좋아합니다. 예를 들면 야구와 테니스입니다', '동물을 좋아합니다. 예를 들면 강아지와 고양입니다' 등의 표현이 여기에 해당한다. 이처럼 구체적인 예시를 들면 흐릿한 그림이 선명해져 독자가 더 쉽게 이해할 수 있다.

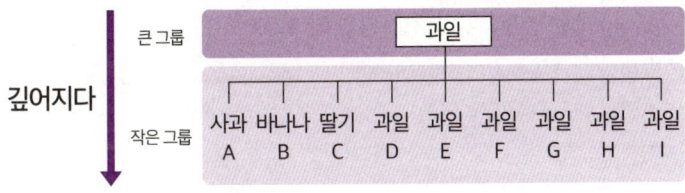

②는 다음과 같이 쓰인다. '그녀의 말투는 마치 바람처럼 가볍고 산뜻하다.' '예를 들면'을 사용해 '그녀의 말투'를 '바람'에 비유하고 있다. 공통점이 있을 때(여기서는 '가볍고 산뜻하다') 이를 중심으로 표현을 확장할 수 있다. 즉 'A'를, 같은 공통점을 가진 'A''로 바꾸는 방법이다. 그러면 독자는 이미지를 더 확장할 수 있다.

③의 쓰임새는 이렇다. '만일 내가 남자라면', '이건 만약의 이야기인데'처럼 'if'와 비슷하게 쓰인다. ②에서는 확장을 위해 '공통

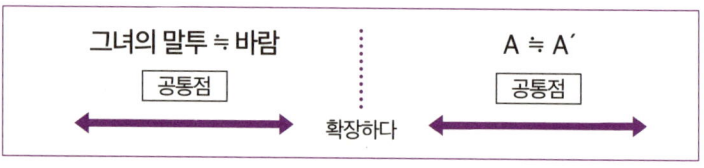

점'이 필요했지만 ③에서는 필요하지 않다. 겉모습이나 상황이 전혀 다르더라도 예시를 들 수 있다. 이야기를 담담하게 전개하다 보면 뜻밖의 표현이 나오기도 한다.

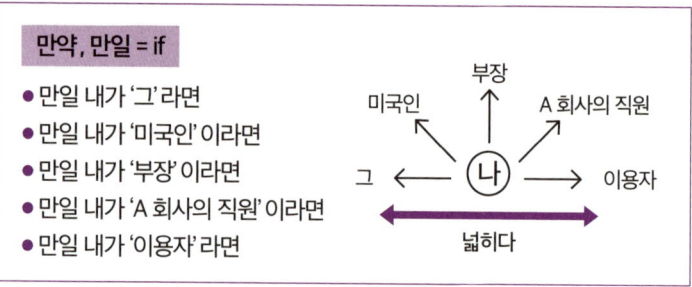

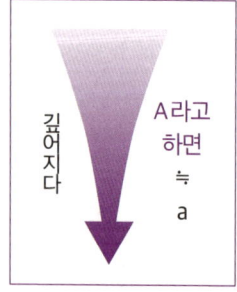

④는 '위대한 사람 하면 단적으로 에디슨이 있다'와 같이 쓰인다. ①과 조금 비슷하지만 ①에서 든 구체적인 예시가 동등한 관계인 것에 비해 ④는 한곳으로 집중시키려는 의미가 강하다. 이 경우도 큰 그룹에서 작은 그룹으로 깊이 들어가기 위해 쓰인다. 이 점만 이해해도 충분하다.

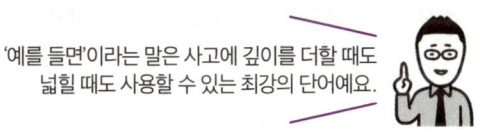
'예를 들면'이라는 말은 사고에 깊이를 더할 때도 넓힐 때도 사용할 수 있는 최강의 단어예요.

## '예를 들면'으로 깊어지고 넓어지는 구체화

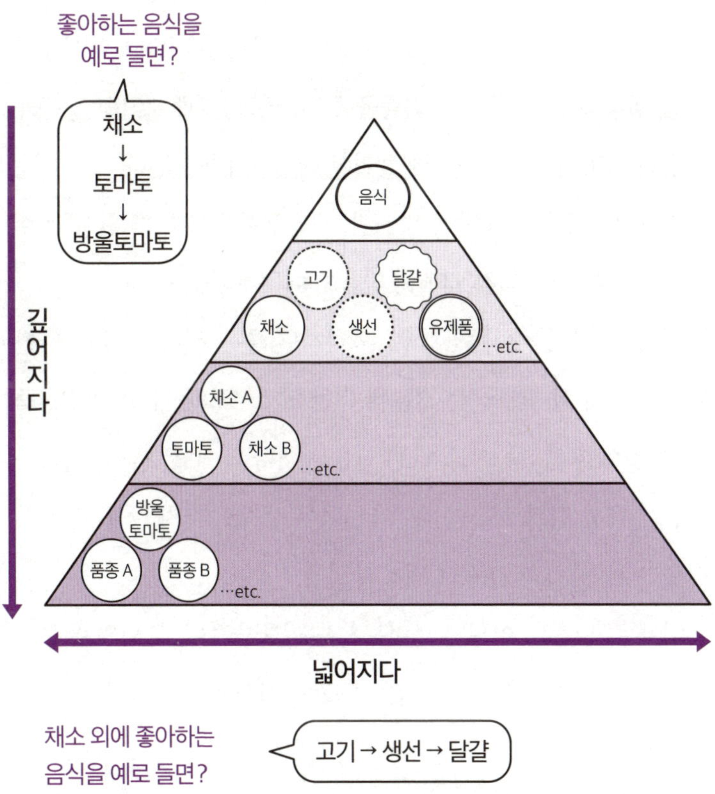

좋아하는 음식을 예로 들면?

채소
↓
토마토
↓
방울토마토

깊어지다

음식

고기  달걀
채소  생선  유제품 …etc.

채소 A
토마토  채소 B …etc.

방울
토마토
품종 A  품종 B …etc.

넓어지다

채소 외에 좋아하는 음식을 예로 들면?  고기 → 생선 → 달걀

## POINT 08 | 구체화를 하기 위한 '사고의 기준' TOP 5

지금까지 몇 가지 사례를 통해 ['간략한 한마디', '왜?', '예를 들면?']을 활용해 사고를 구체화하는 방법을 살펴보았다. 그런데 막상 이 방법대로 사고를 깊고 넓게 파려고 해도, '왜?', '예를 들면?' 다음에서 막히거나 아무 생각도 나지 않을 때도 있다.

이때 필요한 것이 '사고의 기준'이다. 이것은 해답으로 이끌어주는 일종의 보조선 같은 역할을 한다. 생각할 때 사고의 기준을 적용하기만 해도 사고가 명확해지고 해상도가 높아진다.

'기준'의 종류는 상당히 많지만, 직장생활에서 두루 활용할 수 있는 유용한 기준 다섯 가지를 다음 쪽에 준비했다.

①의 '이익, 불이익'의 경우, '왜냐하면 좋은 점은 …이고, 나쁜 점은 …이다'와 '왜?'라는 질문에 대한 답으로도 쓸 수 있다. 또 '좋은 점은 예를 들면…이고, 나쁜 점은 …이다'와 '예를 들면?'이라는 질문에 대한 답으로도 쓸 수 있다. 아무 생각도 나지 않을 때는 이 다섯 가지 '사고의 기준'에 적용해 보자.

이제 각 항목이 어떻게 쓰이는지 살펴보자. TOP 5 외의 유용하게 적용할 수 있는 '사고의 기준'은 124쪽에 정리되어 있다.

## 아무 생각도 나지 않을 때 유용한 '사고의 기준' TOP 5

❶ 이익·불이익은?

❷ 비포·애프터는?

❸ 비슷한 점·다른 점은?

❹ 누구에게 권할 것인가?

❺ 어떤 방법으로?

TOP 5 기준을 다르게 표현하는 방법과 TOP 5 외의 기준은 124쪽을 확인해 주세요.

## POINT 09 | 사고의 기준 ①
## '이익·불이익' 생각하기

TOP 5 중 첫 번째는 '이익·불이익'이다. '이익과 불이익의 예로 뭐가 있을까?'라고 스스로에게 묻고 답하는 방법이다. 이 기준은 아주 다양한 상황에서 활용할 수 있다.

예를 들면 '상부의 지시로 구내식당을 폐쇄한다는 사안에 대해 의견이 궁금하다'라는 말을 들었다고 해 보자. '(간략한 한마디) 반대 → (Why) 맛있고 마음에 드니까 → ('구내식당 폐쇄'의 좋은 점과 나쁜 점의 예는?) 이익은 구내식당 운영비가 절감된다. 불이익은 구내식당에서 제공하는 균형 잡힌 식단을 이용하는 젊은 직원이 많다. 구내식당이 없어지면 직원의 건강이 나빠져 업무에 지장이 생길 우려가 있다.' 이런 식으로 자신의 의견을 주장할 수 있다.

이익·불이익 '기준'은 나의 관점·회사의 관점·SDGs적인(지속가능 개발 목표) 관점 등 여러 관점에서 바라볼 수 있는 이점도 있다. 이익뿐만 아니라 불이익까지 고려한 결론(목표)은 설득력에 힘을 보태며, 주변으로부터 '여러 시각에서 바라보는 사람'으로 평가받게 되니 정말로 적극 추천하는 방법이다. 게다가 '이익·불이익'을 '좋은 점·나쁜 점', '장점·단점' 등으로 바꾸면 더 광범위하게 사용할 수 있다. STEP 1의 '다르게 표현하는 능력'은 이럴 때도 활용할 수 있다.

'사고의 기준'을 사용한 구체화 사례
## 찬성 또는 반대를 정해야 할 때

"올해는 오랜만에 송년회를 할 생각인데 젊은 사람들 생각은 어떤지 알려 줄래요?"라는 말을 들었다. '이익과 불이익의 예시에는 무엇이 있을까?'를 사용해 사고를 구체화한 사례를 살펴보자.

[간략한 한마디]

송년회 개최에 찬성

[왜?]

신날 것 같아서

[예를 들면?]
이익은?

- 평소에 교류가 없던 사람과도 대화할 수 있다.
- 회사에서 비용을 부담해 공짜로 먹고 마실 수 있다.
- 사내 결혼이 많은 만큼 인연이 생길지도 모른다.

[예를 들면?]
불이익은?

- 일이나 집안 사정 때문에 참석하지 못하는 사람도 있다. 예산이 공평하게 쓰이지 않는다.
- 술을 마시면 자제력을 잃는 사람도 있다. 잘못 얽히면 다툼이 생길 수도 있다.
- 숙취로 다음 날 업무 효율이 저하될 수 있다.

## POINT 10  사고의 기준 ②
## '비포·애프터' 생각하기

'비포·애프터' 기준은 시간을 축으로 비교한다.

당신이 헬스 트레이너라고 하자. 회원 등록을 권하는 경우, '(간략한 한마디) 이 헬스장을 다니면 살이 빠진다 → (왜?) 체중 감량을 확실히 보장하는 프로그램이 있으니까 → (비포·애프터 예시는?) 회원 중 86%가 3개월 안에 체중 5킬로그램 감량에 성공했다'처럼 비포·애프터 기준을 사용해 구체화할 수 있다.

이 밖에도 "나이 때문인지 요즘 계속 피곤해요" 같은 스몰토크에도 사용할 수 있다. '(비포) 예전에는 하룻밤 자고 나면 아침에 개운했다. (애프터) 오십이 되니까 아침부터 어깨나 허리가 아프고 몸이 무겁다.'

또 재미있는 책을 읽었을 때, '(비포) 늘 야근했다. (애프터) 이 책의 업무 관리 기법을 실천하자 업무 효율이 좋아져 야근 시간이 많이 줄었다'처럼 구체화할 수도 있다.

이렇듯 '비포·애프터' 기준은 과거와 현재를 비교하거나, 현재와 미래를 비교하여 상대의 머릿속에 변화가 생생하게 그려지게 전달할 수 있다. 다양한 상황에서 활용할 가치가 높은 '기준'이다.

'사고의 기준'을 사용한 구체화 사례
## 매력을 알릴 때

요즘 당신은 사우나의 매력에 푹 빠져 있다. 친구에게도 사우나의 매력을 말했지만 몸에 좋을 리 없다며 듣는 둥 마는 둥 한다. 어떤 것의 매력을 알리고 싶을 때 자신의 몸에 일어난 변화를 말하는 것은 효과적인 수단 중 하나다. '비포·애프터' 기준을 사용한 사례를 살펴보자.

[간략한 한마디]

사우나는 굉장히 좋다.

[왜?]

상쾌해지고 건강도 좋아지니까.

[예를 들면?]
비포는?

- 어깨 결림이 심했다.
- 뇌가 지쳐서 머리가 터질 것 같은 느낌이었다.
- 몸이 늘어지고 일할 때 집중력이 떨어졌다.

[예를 들면?]
애프터는?

- 어깨 통증, 허리 통증, 눈의 피로가 풀렸다.
- 머리가 맑아졌다. 일이 척척 진행돼 업무 처리 속도가 빨라졌다.
- 지칠 줄 모르는 체력이 생겼다.

## POINT 11 | 사고의 기준 ③ '비슷한 점·다른 점' 생각하기

비교할 대상을 찾아 비슷한 점·다른 점을 생각하는 방법도 쉽게 활용할 수 있는 기준이다. "○○와 비슷한 점과 다른 점에는 예를 들면 뭐가 있을까?"라고 스스로에게 묻고 답해 보자.

판촉용 포스터를 A안과 B안 중 최종 선택해야 하는 상황이라고 하자. 이 상품은 시원하고 강력한 사용감이 특징인 안약이다. 이렇게 '유일한 답이 없는 경우'에 좋고 나쁨을 언어화하기 어렵다.

'(간략한 한마디) A안이 좋다 → (왜?) 시원한 느낌이 잘 전달되니까 → (B안과 비슷한 점 및 다른 점은?) 비슷한 점은 모델이 안약을 들고 있다. 다른 점은 A안은 눈에 넣자마자 시원함을 느끼는 상태고, B안은 안약을 손에 들고 만족스러워하는 느낌이다.'

이렇게 비슷한 점·다른 점을 전부 찾아내면 '눈이 시원해지는 느낌이 전달되는가?', '만족스러워하는 광고 모델의 외모에 가려 상품의 이미지가 흐려진다' 등 미처 생각하지 못했던 이유를 발견할 수 있다.

이외에도 "이 주인공과 나는 △△은 비슷하지만, □□은 비슷하지 않다" 같이 자기 자신이 비교 대상이 될 수도 있다. 책을 읽은 뒤 감상평을 전달하고 싶을 때도 유용한 '기준'이다.

'사고의 기준'을 사용한 구체화의 사례
# SNS에 글을 쓸 때

오늘 카레 전문점에서 먹은 음식이 맛있어서 SNS에 후기를 올리려고 한다. 보통 때는 '○○에 다녀왔다!'만 쓰고 올렸다. '좋아요' 수는 아직 많지 않지만, '비슷한 점·다른 점' 기준으로 다른 식당과 비교하면 읽는 사람이 특징을 더 쉽게 알 수 있어 반응도 좋아진다. 사례를 보자.

[간략한 한마디]

○○ 카레 전문점에 다녀왔다.

[왜?]

예전부터 궁금했으니까.

**[예를 들면?]**
(다른 식당과) 비슷한 점은?

- 주재료는 치킨, 감자로 평범하다.
- 매운맛 정도를 고를 수 있다.
- 가격은 10,000원~15,000원 정도이다.
- 손님이 많다.

**[예를 들면?]**
(다른 식당과) 다른 점은?

- 식당 주인이 카레의 본고장 인도에서 10년 동안 요리법을 연마했다.
- 난을 구울 때 반죽하는 모습을 보여준다.
- 치즈 난, 갈릭 난 등 일곱 가지 메뉴 중에서 고를 수 있다.

## POINT 12 | 사고의 기준 ④
## '누구에게 권할 것인가?' 생각하기

'누구에게 권할 것인가?' 이 말은 ○○을 기뻐할 사람은 누구인지, 즉 '타깃'을 명확히 한다는 뜻이다.

당신이 상품 판매 담당자라고 해 보자. 오늘은 단골 거래처인 마트에 신상품 진열을 부탁하기 위해 왔다.

'(간략한 한마디) 이 음료를 추천한다 → (왜?) 건강에 좋은 효과가 있으니까 → (예를 들면 누구에게 권할 것인가?) 고혈압을 걱정하는 바쁜 직장인, 건강하게 오래 살고 싶은 노년층, 자녀가 마실 음료에 민감한 엄마 등'

이런 식으로 타깃의 예시를 말하면 점점 구체화가 진행돼 사람들이 더 쉽게 이해하고 공감한다. 이 기준은 기획을 구상할 때도 상당히 유용하다. 타깃이 명확해지면 소비자가 받아들이기 쉬운 가격, 패키지, 프로모션 등 더 세부적인 전략을 짤 수 있다.

물론 이 기준은 일상에도 적용할 수 있다. SNS에 영화 후기를 올릴 때 '로맨틱해서 재밌었다'만 쓰고 끝낼 것이 아니라, '(예를 들면 누구에게 권할 것인가?) 사랑을 꿈꾸는 중고등학생, 연애 세포가 죽은 사람, 불 같은 연애 중인 사람'처럼 이 영화를 재밌게 볼 사람(타깃)을 구체화하면 더 매력적인 글이 나온다.

'사고의 기준'을 사용한 구체화의 사례
# 기획을 구상할 때

새로 출시된 커피를 맛볼 수 있는 시음회를 개최하기로 했다. '예를 들면 누구에게 권할 것인가?' 기준을 사용하면 타깃이 명확해지므로 상사가 시음회의 개최 장소, 시간, 분위기 등을 물어도 자신 있게 대답할 수 있다.

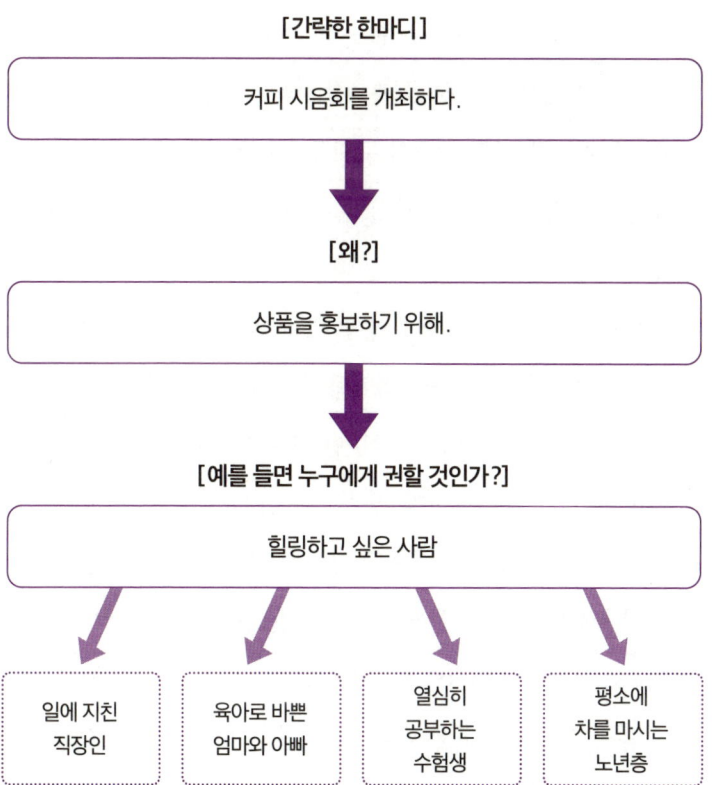

## POINT 13 | 사고의 기준 ⑤
## '어떤 방법으로?' 생각하기

'어떤 방법으로?'는 행동이 일어나는 장면을 구체화할 때 가장 적합한 기준이다. 활용할 수 있는 범위가 넓다는 특징이 있다.

예를 들면 친구에게 캠핑을 가자고 했다. '(간략한 한마디) 캠핑 가자 → (왜?) 기분 전환하고 싶으니까 → (예를 들면 어떤 방법으로?) 강물에서 낚시하거나 밤에 모닥불을 피우거나 별이 총총 떠 있는 밤하늘을 생각 없이 바라본다.'

아니면 캠핑을 어떻게 할지 구체화하는 방법도 좋다. 방법이 보이면 행동을 체계적으로 정리할 수 있다. 즉 실행이 쉬워진다는 뜻이다.

특히 직장생활에서는 '어떤 방법으로?'라는 기준이 없으면 일이 진척되지 않는다. 예를 들면 영업팀 매출을 높이기 위한 아이디어를 모은다고 하자. '(간략한 한마디) 팀 전체가 근본적인 대책안을 마련해야 한다. → (왜?) 개인의 노력에는 한계가 있으니까. → (예를 들면 어떤 방식으로?) 고객 만족도 향상을 위해 팀에서 고객들 의견을 모아 서비스 품질과 문제 해결 능력을 높인다' 같은 식이다. 구체화해도 여전히 막연하다면 '어떤 방법으로?'라고 계속 자문자답하며 더 구체화해 나간다. 상대가 충분히 이해할 수 있는 수준까지 정보의 해상도를 높여 보자.

## '사고의 기준'을 사용한 구체화의 사례
# 참여를 유도할 때

당신은 온라인 쇼핑몰을 운영하는 회사에 다니고 있다. 그런데 최근 판매 실적이 저조해 매출액이 감소했다. 이런 상황 속에서 상사는 "상품을 더 많이 팔려면 어떤 방법이 있을까요?"라고 물었다. '예를 들면 어떤 방법으로?'를 사용해 구체화한 사례를 살펴보자.

**[간략한 한마디]**

상품의 매력을 확실히 전달한다.

**[왜?]**

웹사이트는 오프라인 매장보다
상품의 매력을 전달하기 어려우니까.

**[예를 들면 어떤 방법으로 권할 것인가?]**

- 5W3H를 바탕으로 상품 설명서를 더 자세하게 작성한다.
- 이벤트나 할인 행사를 통해 구매를 유도한다.
- 상품의 세부 사항을 보여 주는 사진을 늘린다.
- 상품을 사용하고 있는 동영상을 올린다.

**TOP 5 외의 기준**
**생각이 떠오르지 않을 때 유용한 '사고의 기준' 목록**

[이익·불이익 종류]
- 장점과 단점은?
- 그것에 반대한다면?
- 해결해야 할 문제점은?
- 개선해야 할 점은?
- 뒤따라오는 좋은 점은?
- 그것은 어디에 도움이 될까?
- 그것의 위험 요소는?
- 선과 악은?
- 그것의 매력은?
- 그것의 효과는?
- 그것의 가치는?
- 그것에 대한 평가는?
- 그것에 드는 비용은?

[비포·애프터]
- 예전보다 좋아지면 어떻게 될까?
- 발전한 형태는?
- 그것의 과거는?
- 그것의 미래는?
- 그것의 변환점은?

[비슷한 점·다른 점]
- 그것의 독자성은?
- 다른 것에 비유한다면?
- ○○와 비교한다면?
- 그것과 대조적인 것은?

[누구에게 권할 것인가]
- 타깃은?
- 그것을 보고 기뻐할 사람은?
- 타깃은 남성인가 여성인가?
- 타깃은 노년층인가?
- 구체적인 타깃 연령대는?
- 타깃은 젊은층인가?
- 타깃은 어린이인가?

[어떤 방법으로?]
- 만약 ○○했다면 어떻게 될까?
- 어떻게 응용할 수 있을까?

- 그것을 실행하는 방법은?
- 구체적인 대안은?
- 그것을 체계화하는 방법은?
- 해결책은?
- 앞으로의 계획은?
- 만일의 상황에서의 대비책은?

[그 외]
- 그것의 목적은?
- 그것의 조건은?
- 그것의 근거는?
- 그것의 이유는?
- 그것의 원인은?
- 그것의 단서는?

- 그것의 배경은?
- 그것의 전제는?
- 그것의 정당성은?
- 그것의 감정은?
- 그것의 계기는?
- 그것의 시작점은?
- 그것의 동기는?
- 그것의 본질은?
- 그것에서 도출된 결론은?
- 그것은 어떤 상태 또는 모습인가?
- 어떻게 들리는가?
- 어떤 냄새인가?
- 어떤 맛 또는 식감인가?
- 어떤 촉감인가?

생각이 막힐 때는
다양한 '사고의 기준'으로 자문자답해 보세요.

## POINT 14 해상도를 한층 더 높이는 세 가지 포인트

지금까지 정보나 사실, 감상이나 의견 등을 구체화하고 해상도를 높이는 비법을 살펴보았다. 그런데 이 과정에서 특히 신경 써야 할 세 가지가 있다.

① 숫자를 사용한다.
② 고유명사를 사용한다.
③ 추상적인 단어 사용을 줄인다.

### ① 숫자를 사용한다

'숫자'만 사용해도 정보의 해상도가 훨씬 높아진다. 예를 들어 '꽤 많은 인원이 참가했다'를 '100명이 참가했다'라고만 바꾸어도 머릿속에 그림이 더 잘 그려진다. 그리고 숫자로 표현하면 비교하기도 쉽다. '상품 A보다 상품 B가 조금 더 저렴하다'보다 '상품 A는 10,000원이고 상품 B는 7,000원이다. 상품 B가 3,000원 더 저렴하다'라고 표현할 때 훨씬 더 이해하기 쉽다.

또 '기쁨 80%, 긴장감 20%' 같이 눈에 보이지 않는 감정을 구체화할 때도 숫자가 유용하다. 정도를 나타낼 때 모호한 표현이 나오면 숫자로 바꿀 수 있는지 잠시 멈춰서 생각해 보자.

## 남발하지 말아야 할 정도를 나타내는 말

- 한동안
- 꽤
- 상당히
- 제법
- 어느 정도
- 비교적
- 굉장히
- 몹시
- 훨씬
- 제대로
- 지독하게
- 듬뿍
- 다수의
- 대량의
- 풍부한
- 풍성한
- 잔뜩
- 비정상적으로
- 극단적으로
- 지극히
- 유달리
- 현격히
- 너무
- 대단한
- 심히
- 무척
- 유난히
- 때때로
- 가끔
- 잠시
- 빈번하게
- 거의
- 자주
- 도저히
- 다소
- 조금
- 약간
- 뚜렷이
- 그럭저럭
- 점점
- 그저그런
- 적절한
- 엄청
- 매우
- 현저히
- 서둘러
- 빨리
- 일정 정도
- 보통
- 슬슬
- 적당히
- 대박

구체적인 숫자를 알 수 없을 때는 다른 것에 비유해도 좋아요.
큰 무당벌레 ×
핸드폰 크기만 한 무당벌레 ◎

## ② 고유명사를 사용한다

본래 단어란 '구분'을 위해 존재한다. '동물'과 '인간'을 구분하고, '회사원'과 '프리랜서'를 구분하듯이 말이다. 이를 전제로 더 구체화하기 위해서는 작은 그룹으로 점점 세분화할 필요가 있다. 즉 어떤 것을 계속 구체화하면 그 끝에 있는 것은 '고유명사'다.

고유명사를 사용하지 않아 예상치 못한 문제가 생기는 경우도 있다. 예를 들면 친구와 만나기로 했다. A 공원 근처에 있는 역에서 만나기로 했지만, 두 사람은 '근처에 있는 역'을 다르게 해석할 가능성도 있다. 친구는 'B 역', 당신은 'C 역'처럼 말이다. 해석의 엇갈림을 막으려면 '○○역 △번 출구'까지 세분화할 필요가 있다.

마케팅에서 타깃을 정할 때도 '도시 생활에서 벗어난 20대 부부' 대신 '5년 이내에 울릉도에서 제주도로 이사할 계획이 있는 20대 부부'처럼 고유명사를 사용하면 이미지가 더 명확해져 타깃을 사로잡는 메시지를 전달할 수 있다.

말하자면 고유명사는 '구체성의 궁극적인 형태'다. 고유명사로 바꿀 수 있는 상황이라면 더 적극적으로 활용해 보자.

## ③ 추상적인 단어 사용을 줄인다

말이라는 것은 굉장히 모호하다. 얼핏 제대로 이해하는 것처럼 보여도 실은 자기만의 해석대로 받아들인다.

## 숫자나 고유명사로 구체화한다

✗ 여러 지방 도시를 참고해 계획을 세웠습니다.

◎ 부산, 인천, 대전, 수원 4곳의 도시를 참고해 관광객 유치 계획을 세웠습니다.

✗ 서둘러 업무를 끝내다.

◎ A 회사와 진행하는 B 프로젝트의 광고 영업 자료를 내일(10일, 목요일) 오전 11시까지 만든다.

✗ 도심의 부동산 가격이 상승했다.

◎ 서울 25개 자치구의 상업지구 부동산 가격이 전년도 대비 3.6% 상승했다.

✗ 능력 있는 경영인이 되고 싶다.

◎ 손정의처럼 결단력과 행동력 있는 경영인이 되고 싶다.

✗ B 회사의 담당자가 회신을 요청했습니다.

◎ B 회사의 담당자 김민수 씨가 회신을 요청했습니다. 14시 이전이면 개인 번호로, 14시 후로는 회사 전화로 연락해 달라고 했습니다.

'책임을 지다'라는 말을 예로 들어 보자. 큰 실수를 해서 회사에 손해를 끼친 사람이 "제가 책임을 지겠습니다"라고 말한 경우, 과연 어떻게 해석될까? '회사를 그만둔다' 또는 '손해를 책임진다' 등 여러 해석이 나올 것이다.

대화를 나누는 자리의 분위기에 따라 '돌아가서 검토하겠습니다'라는 말은 '거절하겠습니다'라는 뜻이 되기도 한다. 하지만 글로벌로 나아가는 현대 사회에서는 서로 다른 문화권에서 오해의 불씨를 없애기 위해 명확하게 전달할 필요가 있다. 그러려면 서로 다르게 해석할 여지가 있는 '추상적인 단어' 사용을 줄이려고 신경 써야 한다.

숫자와 고유명사를 사용할 것을 강조했지만, 상대에게 전달하는 마지막 단계에서는 숫자나 고유명사를 일부러 쓰지 않을 때도 있다. 지나치게 자세하게 말하면 전체적인 그림이 보이지 않을 수도 있고, 상대가 그 고유명사를 모를 수도 있어 사용을 자제하는 경우도 있다. 때로는 추상적인 대화에서 더 많은 아이디어가 나오기도 한다. 이 세 가지 포인트는 모두 STEP 3의 '전달법'에 관한 설명이다. 우선 머릿속에서 구체화를 먼저 끝낸 뒤 필요한 정보만 고르거나 정리하기 쉬운 형태로 만들어 놓자.

## 다양하게 해석할 수 있는 추상적인 단어

- 사랑
- 우정
- 부유함
- 자존심
- 자립
- 열의
- 엄격함
- 다정함
- 행복
- 유기적
- 공헌
- 실패
- 성공
- 인생
- 꿈
- 보통
- 희망
- 문제
- 적절

- 건강
- 신용
- 신뢰
- 책임
- 진심
- 노력
- 근성
- 배려
- 사명
- 사치
- 용서
- 가치
- 소원
- 절망
- 성장
- 보람
- 기능적
- 기대
- 스트레스

- 안전
- 진실
- 용기
- 상식
- 의지
- 유익
- 운
- 인연
- 선악
- 평화
- 자유
- 아름다움
- 위험
- 리더십
- 만족
- 현명함
- 시너지
- 글로벌
- 혁신

위의 말을 사용할 때는 단어의 의미와 정의를 다시 생각해 보세요.

## POINT 15 | 발표나 영업에서도 '구체화 능력'은 필수다

상대의 마음을 움직일 목적으로 자신의 생각이나 의견을 전달하는 수단으로 '발표'와 '영업'이 있다. 발표와 영업은 STEP 3 '전달법'에 집중하는 경향이 있지만, 그보다 중요한 것이 '구체화'해서 자신의 생각이나 기획의 해상도를 높이는 일이다.

### '사고의 기준'도 활용하면서

처음에 구체화를 철저히 해 두면 어떤 부분을 상대에게 전달해야 할지 보이기 시작한다. 또 발표나 영업 중에 어떤 질문을 받든 당황하지 않고 대답할 수 있도록 미리 준비할 수 있다.

발표나 협상을 준비할 때도, 기본적으로는 '간략한 한마디' → '왜?' → '예를 들면?'을 사용하고, 여기에 적당한 '사고의 기준'까지 활용해 생각에 깊이를 더한다. 동시에 5W3H를 사용해 빠뜨린 '사실'이 없는지 꼼꼼히 확인한다. 표현이 빈약할수록 설득력은 떨어진다.

그리고 전달할 때는 '사실'과 '자신의 의견 및 평가'를 구분하는 것이 중요하다. 134쪽부터는 실제로 '발표를 준비하는' 상황을 예시로 준비했다. 구체적인 계획을 세우는 연습을 해 보자.

## POINT 16 | '구체화 능력'을 키우면 스몰토크도 즐거워진다

머릿속에 있는 두루뭉술한 생각을 구체화하고 해상도를 높이는 과정은 모두 '스스로에게 묻고 답하기'에서 비롯된다. 자문자답을 잘하는 요령을 알면 다른 사람과의 대화에도 응용할 수 있다. 질문하는 대상을 자기 자신에서 다른 사람으로 바꾸기만 하면 된다.

예를 들면 형식적인 관계인 직장 동료나 지인과 시간이 남아 스몰토크를 해야 하는 상황이라고 해 보자. 이때는 철저하게 듣는 사람이 되어, 5W3H 등을 고려한 질문을 상대의 이야기에 던지기만 해도 대화는 확장되고 이어진다.

또 상대와의 관계가 더 깊어지길 바란다면 '왜 → 예를 들면'이나 '사고의 기준'을 활용해 질문하고 답을 끌어내자. 그러면 머릿속에 있는 정보가 선명해지고 구체적으로 변해 상대를 더 깊이 이해할 수 있다.

### 타인의 사고를 정리할 때도 유용하다

상대가 언어화에 서툰 사람이어도 당신이 적절한 질문을 하면, 상대는 '생각이 정리되고 있다'라고 느끼게 된다. 140쪽에는 실제 대화 장면에서 어떻게 쓰이는지 예시를 모아 두었다.

### 생각해 보세요!
# [발표 준비]

당신은 광고 대행사의 신입 크리에이터다. 어느 한 의류 브랜드가 얼마 전 Z세대를 타깃으로 한 새로운 브랜드를 론칭했다. 그러나 판매 실적이 좋지 않아 대대적인 프로모션을 준비하고 있다. 이 일을 따내기 위해 당신은 '틱톡' 인플루언서를 이용한 브랜드 프로모션을 발표해야 한다. 어떤 질문이 나와도 술술 대답할 수 있도록 이 계획을 구체화하고 깊이 파고들자.

● **발표의 잘못된 예시**

> 최근 Z세대는 급격한 속도로 TV와 멀어지고 있습니다. 정보는 주로 SNS와 친구들의 입소문을 통해 얻고 있습니다. 특히 틱톡이 젊은 세대에게 친숙하다는 점에서 저희는 틱톡을 위주로 한 대대적인 프로모션을 진행할 계획입니다.
> 틱톡에서 인지도 높은 인플루언서에게 상품 사용 후기를 올려 달라고 요청할 겁니다.

*너무 두루뭉술하다.*

우선 사실을 구체화하자.

발표처럼 논리성과 설득력이 더 많이 요구되는 상황에서는 우선 5W3H로 사실을 구체화하세요.

When :

Where :

Who :

What :

Why :

How :

How many :

How much :

### ● 사실의 구체화 예시

| When :     | 크리스마스 수요가 증가하는 12월 1일~14일, 2주 동안 |
|------------|---------------------------------------------------|
| Where :    | 틱톡                                              |
| Who :      | 틱톡 인플루언서                                   |
| What :     | 새로운 브랜드 프로모션                            |
| Why :      | Z세대는 틱톡을 자주 보기 때문이다.                |
| How :      | 상품 홍보 영상을 제작해 올린다.                   |
| How many : | 인플루언서 3명                                    |
| How much : | 사례비는 인당 △△십만 원                          |

5W3H로 구체화한 사실을 바탕으로 자신의 의견을 자세히 정리해 보세요.

**[간략한 한마디]**

**[왜?]**

**[예를 들면?]**

● 의견의 구체화 예시

**[간략한 한마디]**

틱톡에서 인지도 높은 인플루언서에게
프로모션 활동을 제안하고 싶다.

**[왜?]**

타깃이 Z세대이고,
틱톡이 프로모션을 진행하기에 적합한 플랫폼이니까.

**[왜?]**

- 많은 Z세대가(→ 예를 들면 얼마나?) 틱톡을 이용한다.
- 급속도로(→ 예를 들면 어느 정도로?) 성장하는 플랫폼이며 화제성도 높다.
- 이용자가 독자적인 콘텐츠를 제작하고 공유하기 때문에 브랜드에 대한 친근감을 쉽게 조성할 수 있다.

**[예를 들면?]**
어떤 방법으로?

- 상품 홍보 영상을 제작한다.
- 홍보 영상 내용은 '화제성을 노린 버전', '설명하는 버전' 두 가지
- 해시태그 챌린지 '#입고춤췄다'를 기획한다.

 해결해야 할 과제나 우려스러운 점이 보이면 '예를 들면'과 '사고의 기준'으로 더 깊이 파고드세요. 이중 '어느 부분을 어떻게 전할까?'는 STEP 3에서 설명할게요.

**[예를 들면?]**
이익은?

- 브랜드 인지도가 올라간다.
- 틱톡 댓글창은 활발한 대화가 오간다. 옷을 구매한 사람이 추천 댓글을 남기면 이를 본 신규 이용자가 관심을 갖고 구매로 이어지는 경우가 많다.
- TV 광고보다 예산을 절약할 수 있다. (→ 예를 들면 얼마나?)

**[예를 들면?]**
불이익·우려스러운 점은?

- 12월은 수많은 브랜드가 프로모션을 하는 시기다. 경쟁사와 치열한 경쟁을 할 수도 있다. (→ 예를 들면 언제가 적당할까?)
- 신뢰할 수 있는 인플루언서를 기용하는 것이 중요하다. (→ 예를 들면 어떤 기준으로?)
- 인플루언서에게 홍보 영상 제작을 요청한 경우, 완성도가 보장될까? (→ 예를 들면 어떻게 할까?)

### 생각해 보세요!
## [상사와의 스몰토크]

퇴근하고 지하철역에서 상사와 마주쳤다. 자연스럽게 같이 가게 되었는데 왠지 분위기가 어색하다. 이런 상황에서는 의외로 '5W3H'가 도움이 된다. 중요한 것은 먼저 나서서 무리하게 대화를 이어 나가기보다 상대가 언어화할 수 있게 유도해야 한다는 점이다. 5W3H로 대화를 끌어나가고, 상대의 말에 호응하며 이따금 긍정적인 말을 건네면 대화에 꽃이 핀다.

**상사**  아, 얼마 전에 투자 강의를 듣고 왔어.

**당신**  투자 강의요? 와, 좋네요. 언제 갔다 오셨어요?
　　　　　　　　　　　　　　└─• [When]

**상사**  지난주 토요일. 그게 꽤 도움이 되더라고.

**당신**  주제가 무엇이었나요?
　　　　　　　└─• [What]

**상사**  노후 자금 20억 원을 체계적으로 모으는 방법이야.

**당신**  그런 방법이 있어요? 저도 알려 주세요.

상사   응. 결국 투자가 답이라고 하더라고.

당신   투자는 <u>어떻게</u> 하는 거예요? 저는 아는 게 없어서요.
            └─● [How]

상사   요즘에는 아무래도 ISA가 대세인 것 같아.

당신   일 년에 <u>얼마까지</u> 넣을 수 있어요?
           └─● [How much]

상사   일 년에 2,000만 원까지 넣을 수 있대.

당신   아 그러고 보니 ISA 제도가 바뀐다고 한 것 같아요.

상사   맞아. 그래서 난 바로 계좌 개설했어.

당신   역시 빠르시네요. 그런데 투자 강의는 <u>어쩌다</u> 가게 되셨어요?
                 └─● [Why]

상사   대학 동기가 알려 줬어.

당신   그랬군요. 저도 가볼까 봐요. <u>어디서</u> 해요?
               └─● [Where]

상사   강남. 아 그래, 회사 URL 보내줄게.

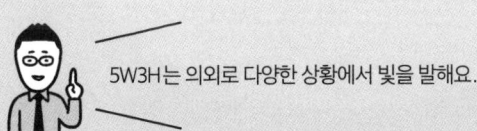

5W3H는 의외로 다양한 상황에서 빛을 발해요.

즐거운 언어화 훈련 ❷

# '구체화 능력'을 강화하는 게임

'구체화 능력'을 키우려면 일상에서도 모든 것을 깊이 파고들어
이미지를 떠올리는 습관을 만들어야 한다.
그러려면 이유나 근거를 생각하는 게임이나, 세밀한 부분까지
구체적으로 쓰는 게임이 효과적이다.
지금부터 소개할 게임을 꾸준히 하면
평소에 보고 들었던 것이 다르게 느껴질 것이다.
게임 이름 옆의 챗GPT 표시는 챗GPT를 활용한
게임을 말한다. 자세한 내용은 154쪽의
〈챗GPT를 활용한 '구체화' 훈련〉을 참고하자.

❶ '왜'라는 질문으로 깊이 파고드는 게임

간략한 감상이나 의견을 '왜?'라는 질문을 통해 파고든다. 질문을 최소 세 번 반복하면서 생각을 깊이 파고 들어가 보자.

[예제]
'러닝을 좋아하는' 이유를 '왜'라는 질문을 통해 3단계까지 파고 들어가 보자.

[예시 답안]
'러닝을 좋아한다'

① **왜 좋아해?**
   답 : 개운해지니까.

② **왜 개운해지면 좋아?**
   답 : 일할 때 집중력이 올라가니까.

③ **왜 일할 때 집중력이 올라가면 좋아?**
   답 : 야근이 줄고 개인 시간이 늘어나니까.

[제시어]
## 당신의 꿈은?
예 : 하와이에서 살기

예시 답안은 다음 쪽에!

## [예시 답안]

① 왜 하와이에 살고 싶어?
　답 : 늘 여름이고 바다도 있으니까.

② 왜 여름만 있고 바다도 있으면 좋아?
　답 : 일 년 내내 취미인 서핑에 몰두할 수 있으니까.

③ 왜 서핑에 몰두하면 좋아?
　답 : 파도에 올라탈 때 '살아 있다는' 느낌을 강하게 받으니까.

④ 왜 '살아 있다는' 느낌이 강렬하면 좋아?
　답 : 계속 일에 치여서 몸도 마음도 지쳤으니까.

⑤ 왜 ……?

'왜?'라는 질문으로 점점 깊이 파면
상상도 못 했던 곳에 도달할 수 있어요.

❷ **인과 관계 게임**

'왜?'라는 질문으로 파고드는 게임을 발전시킨 버전이다. 문장과 문장 사이에 '이유를 설명하는 문장'을 끼워 넣어 인과 관계를 성립시키는 게임이다.

[예제]
아래의 문장 ①과 ③ 사이에는, ①이 ③이 된 이유 또는 원인을 설명하는 문장이 빠져 있다. 인과 관계가 잘 드러나도록 ②에 넣어야 할 문장을 생각해 보자.

① 살이 쪘다.
③ 3개월 만에 살이 빠졌다.

[예시 답안]
① 살이 쪘다.
**② 아침, 저녁으로 매일 채소 수프를 먹어서**
③ 3개월 만에 살이 빠졌다.

[제시어]
**예제를 참고해 ②에 들어갈 문장을 생각해 보세요.**
① 부장님에게 기획서를 제출했다.
③ 부장님이 화를 냈다.

예시 답안은 다음 쪽에!

### [예시 답안]

① 부장님에게 기획서를 제출했다.
② **제출 기한이 지나**
③ 부장님이 화를 냈다.

① 부장님에게 기획서를 제출했다.
② **복사본에 잘린 부분이 있어**
③ 부장님이 화를 냈다.

① 부장님에게 기획서를 제출했다.
② **사모님과 싸워 신경이 곤두섰는지**
③ 부장님이 화를 냈다.

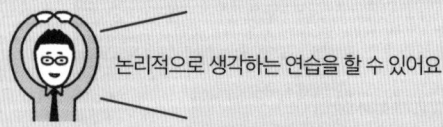

논리적으로 생각하는 연습을 할 수 있어요.

❸ **디테일 묘사 게임**

눈에 보이는 광경을 자세하게 묘사하는 게임이다. 아래 사진을 보고 어떤 상태인지 자세하게 묘사하는 글을 쓴다. 그리고 당신의 감상도 덧붙인다.

[예제]

출처:Shutterstock

예시 답안은 다음 쪽에!

**[예시 답안]**

손 디딜 곳 없는 흰 책상 위에 물건들이 어질러져 있다. 가장 먼저 눈에 띈 것은 노트북이다. 펼쳐진 노트북 화면에는 작은 포스트잇이 세 장 붙어 있고, 큰 포스트잇도 하나 붙어 있다. 또 키보드 위에 떨어진 포스트잇도 있다. 안경, 스테이플러, 메모지 등이 여기저기 널려 있다. 노트북 양쪽에 자료로 보이는 종이가 흩어져 있고 펀치, 펜 몇 자루가 든 필통도 있다. 이런 책상에서 노트북을 사용하기도 힘들 것 같다. 이 책상 주인이 가장 먼저 해야 할 일은 책상에 굴러다니는 쓰레기를 버리는 것이다. 그리고 포스트잇에 적힌 내용을 확인하고 할 일을 마무리해야 한다. 그러고 나서 작업 공간을 확보해 일에 집중하자!

사진을 보지 않은 사람도 상상할 수 있을 정도로 묘사해 보세요.
자투리 시간에 스마트폰에 저장된 사진으로 연습해 보세요.

### ❹ 토론 게임  챗GPT

제시어를 보고 서로 다른 입장에서 논의한다. 한 사람이 두 역할을 모두 맡아 찬성과 반대. 두 입장에서 의견을 주고받아 보자.

---

[예제]
술은 마셔도 될까?

[예시 답안]

**[찬성파]**
술은 일상의 스트레스를 해소하고 대화의 윤활유 역할을 한다. 그리고 소량이라면 건강에 크게 문제 되지 않는다.

**[반대파]**
지나친 음주는 건강을 해친다. 또 양을 조절하지 못하면 알코올 의존증이 생기거나 인간관계를 무너뜨릴 가능성도 있다.

---

[제시어]
**단독주택과 아파트 중 어디에 살 것인가?**

예시 답안은 다음 쪽에!

### [예시 답안]

**[단독주택 파]**
단독주택에 살면 좋은 점은 소음이나 진동을 걱정할 필요가 없다는 것이다. 이웃집과 마찰이 생길 일도 줄어들고 아이들도 집 안이나 정원에서 맘껏 뛰놀 수 있다.
또 단독주택은 관리실이 따로 없어 원하는 기간만큼 수리하거나 리모델링할 수 있다. 자금 계획을 세우기 쉽다는 점도 큰 이점이라고 할 수 있다.

**[아파트 파]**
자동 잠금 장치 등 보안이 철저하고 편리한 공용 시설과 설비를 이용할 수 있다. 관리인이 청소와 관리를 해 준다는 점이 장점이다.
또 기밀성과 단열이 뛰어나 냉난방 효과가 좋으므로 광열비를 절약할 수 있다. 주민들끼리 친목을 도모할 수 있고 아이들도 친구를 사귀기 좋은 환경이다.

**[단독주택 파]**
아파트의 단점은……

양쪽의 다른 의견이 부딪치면서 사고는 깊어져요.

## ❺ 인터뷰 게임 챗GPT

한 주제에 대해 질문하는 사람·질문받는 사람이 있고, 한 사람이 두 역할을 모두 맡는다. 역할을 바꾸어 다른 관점에서도 생각해 본다. 챗GPT의 질문을 받는 것도 가능하다(157쪽 참고).

[예제]
너는 어떤 성격이야?

[예시 답안]
**답변자** : 굳이 말하면 낯을 가려
**질문자** : 왜 그렇게 생각해?
**답변자** : 사람들이 많으면 말을 잘 못해.
**질문자** : 사람들이 적어도 그래?
**답변자** : 사람이 적으면 용기 내서 말할 수 있어. 그러면 낯가리는 성격이 아닌가?
……
……

[제시어]
### 일을 하는 목표는?

예시 답안은 다음 쪽에!

### [예시 답안]

**질문자** : 당신이 일할 때 가장 중요하게 생각하는 목표를 알려 주세요.

**답변자** : 최대한 많은 사람에게 도움이 되는 상품을 만드는 겁니다.

**질문자** : 그러기 위해 중요시하는 일이 있나요?

**답변자** : 세상 사람들에게 어떤 고민이 있는지 관찰합니다.

**질문자** : 예를 들면 어떻게 하나요?

**답변자** : 뉴스 댓글 창을 읽습니다. 불평불만 댓글이 많아 상품 개발에 힌트가 됩니다.

**질문자** : 실제로 거기서 얻은 아이디어로 만든 상품이 있나요?
……

생각을 깊이 파고 들어갈 때 5W3H, '왜? → 예를 들면?' 기법, '사고의 기준'이 유용하게 쓰여요.

## ❻ 5분 동안 쓰기 게임  챗GPT

제시어를 보고 머릿속에 떠오르는 것을 다 적는다. 제한 시간은 5분이다. '왜?', '예를 들면?'을 활용해 최대한 많이 써 보자.

> **[제시어]**
> ## 건강
>
> **[답의 핵심]**
> 중간에 멈추지 말고 생각한 것, 깨달은 점, 느낀 점 등을 써 보자. 글씨는 예쁘지 않아도 된다. 쓰다가 막히면 '왜 → 예를 들면' 방법이나 '사고의 기준'을 활용해 머릿속 정보를 강제로 꺼낸다. 5분 안에 270글자 이상 써 보자.

쓴 것을 다시 보면서 유의어나 다르게 표현할 수 있는 말을 찾으면 어휘력도 향상돼요.

**Column** AI 시대의 언어화 ③

# 챗GPT를 활용한
# '구체화' 훈련

### 프롬프트 작성으로 '구체화'를 연습하다

챗GPT의 답변 완성도는 프롬프트의 정확도가 좌우한다. 대충 질문하면 잘못된 답변이 나올 확률이 높고 구체적으로 질문하면 적절한 답변이 나올 확률이 높다. 즉 사용자인 인간의 능력이 시험대에 놓인 것이다.

언어화가 서툰 사람은 구체화를 어려워하거나 익숙하지 않은 경우가 많다. 그래서 프롬프트를 작성할 때도 '영업하는 글을 써 줘' 정도밖에 쓰지 못한다. 요청을 받은 챗GPT도 '상품의 특징은? 강조할 부분은?' 등 물음표가 마구 떠오른다. 정보가 부족해도 한참 부족하다.

챗GPT는 인간처럼 우리의 마음, 의도, 의향 등을 헤아리지 않는다. 유익한 답변을 얻으려면 구체적인 정보를 주는 수밖에 없다.

프롬프트를 어떻게 쓸지 깊게 고민하며 작성할수록 구체화 능력이 강화된다. 역설적이지만 챗GPT를 잘 활용하려면 당신의 언어화 능력이 향상되어야 한다.

> **'구체화 능력'을 키우는
> 게임을 챗GPT로 해 보자!**
> 각 프롬프트의 예시를 35쪽의 A 칸에 입력해 보자.

● **토론 게임** (149쪽 참조)

[제시어] '단독주택과 아파트 중 어디에 살 것인가?'

[프롬프트 예시]

> #설정
> 당신(챗GPT)은 나의 토론 상대다.
>
> #전제
> 나는 아파트 파고, 당신(챗GPT)은 단독주택 파다.
>
> #제시
> 어느 곳에 살면 좋을지 서로의 의견을 말한다. 번갈아 가며 장점을 하나씩 말한다.
>
> #보충
> 다섯 번씩 의견을 주고받으면 토론이 종료된다. 토론이 끝나면 당신은 이번 토론에 대해 총평한다. 자, 이제 시작한다. 먼저 나부터.
> 아파트의 장점 : 관리인이 건물 내부와 주변 일대를 청소하고 관리한다.

챗GPT와의 대화 예시는? ➡

[챗GPT와의 대화 예시]

| | |
|---|---|
| 챗GPT | 이해했어요. 토론을 시작합니다.<br>단독주택의 장점 : 단독주택은 실내 공간이 넓고 정원이 있어 가족 구성원이나 취미에 맞게 개조할 수 있어요 |
| 나 | 아파트의 장점 : 분리수거하는 곳이 있어 언제든 쓰레기를 치울 수 있다. |
| 챗GPT | 단독주택의 장점 : 단독주택은 토지 구역이 정해져 있어서 강이나 공원이 가까이에 있고, 나만의 정원을 가꿀 수 있고 자연 친화적인 환경에서 살 수 있다. |
| 나 | 아파트의 장점 : 아파트는 세대수가 많아 원하는 집 구조를 고를 수 있다. |
| 챗GPT | 단독주택의 장점 : 주택가는 고요하고 한적해서 외부의 소음이나 간섭이 적고 이웃과 거리를 둘 수 있다. |
| 나 | 아파트의 장점 : 자동 잠금장치가 있는 아파트에서는 보안 서비스를 따로 신청하지 않아도 안심할 수 있다는 장점이 있다. |
| 챗GPT | 단독주택의 장점 : 주택은 토지가 넓어 사생활 보호와 안전 확보가 가능하며, 방범이나 보안을 직접 설정할 수 있다. |
| 나 | 아파트의 장점 : 유동성이 좋아 부동산 매매가 쉬운 편이다. |
| 챗GPT | 단독주택의 장점 : 단독주택은 자기 소유의 토지라서 건물이나 정원을 리모델링해 미래 가치를 높일 수 있다. |
| 나 | 다섯 번 번갈아 가며 말했으니까, 판정해줘. |
| 챗GPT | 알겠습니다. 다섯 번 번갈아 가며 말하기가 끝났으니까 판정할게요. |
| | |
| 승자 | 아파트 파 |
| 이유 | 아파트 파의 주장은 편익이나 편리성에 초점을 맞추고 있고, 특히 도시 생활에 적합한 주거 환경이라는 것을 보여주고 있다. 한편, 주택 파의 주장은 사생활 보호나 자연 친화적인 장점을 강조하고 있지만, 아파트 파의 주장에 대한 직접적인 반론에 한계가 있어 아파트 파의 승리다. |

● 인터뷰 게임 (151쪽 참조)

[제시어] 일을 하는 목표에 대해 인터뷰하고 싶다

[프롬프트 예시]

> **#설정**
> 당신(챗GPT)은 능력 있는 인터뷰어다.
>
> **#전제**
> 나는 언어화가 서툴다. 자기소개를 할 때도 무엇을 어떻게 말해야 할지 막막하다. 우선은 내가 일을 하는 목표에 대해 언어화할 수 있었으면 좋겠다.
>
> **#제시**
> 내가 일하는 목표를 설명하도록 언어화를 도와줘(나를 인터뷰 해 줘).
>
> **#보충 1**
> 일문일답으로 진행한다. 내가 질문에 대답하면 다음 질문으로 넘어간다.
>
> **#보충 2**
> 질의응답을 5회 반복한 뒤 내가 일을 하는 목표를 정리해 줘.

[챗GPT와의 대화 예시]

| | |
|---|---|
| 챗GPT | 물론이죠. 도와드릴게요. 우선 당신이 일을 하는 목표에 대해 조금 자세하게 들려줄래요?<br>1. 당신이 일을 하는 목표는 무엇인가요? |
| 나 | 독자의 어려움을 해결해 주는 책을 쓰고 싶다. |
| 챗GPT | 그 목표를 달성하기 위해 구체적으로 어떤 단계를 밟을 계획인가요? |
| 나 | 나뿐만 아니라 다른 사람들도 똑같이 어려워하는 것을 주제로 정하고, 해결책을 알려 주는 책이 없는지 찾고 있다. |

 프롬프트를 어떻게 입력하는가에 따라 심도 있는 질문이나 다른 관점에서 본 질문 등 여러 질문을 받을 수 있어요.

● 5분 동안 쓰기 게임 (153쪽 참조)

[프롬프트 예시]

#전제
나는 언어화를 잘 못한다. 언어화를 잘하고 싶다.

#제시
하나의 주제에 대해 나는 5분 동안 멈추지 않고 계속 쓴다. 당신(챗GPT)은 한 가지 주제를 제시한다. 당신이 주제를 제시하면 나는 쓰기 시작한다.

#보충
내가 '끝'이라고 입력하면 그 주제에 대해 내가 쓴 내용(언어화한 정보)을 요약해 줘.

인간이 제시한 주제에 대해 챗GPT가 쓰게 하고, 내가 쓴 내용과 비교하는 게임도 해 보세요.

# CHAPTER 3
## STEP 3
# 전달력을 높이다
- 전달하는 형식과 기술 -

**어느 쪽이 더 잘 전달될까?**

# 자기중심적 전달법

> 이제 곧 마무리 지을 시간인데요, 좋은 아이디어가 떠올라서요. ○○ 씨에게 슬쩍 의견을 물어보니 상당히 마음에 들어 하는 눈치라 이것도 추가하고 싶습니다. 문제가 없으면 내일 완성될 것 같은데, 아직 데이터를 모으는 중이라 늦으면 금요일까지 미뤄질 수도 있습니다. 지연되어 대단히 죄송합니다. 중간에 보고했어야 하는데, 작업에 집중하느라 그러지 못했습니다. 앞으로는 주의하겠습니다.

그래서?

# 상대를 배려하는 전달법

죄송합니다.
필요한 데이터가 부족해
아직 완성되지 않았습니다.
늦어도 금요일까지는
제출하겠습니다.

좋아요!

## POINT 01 | 언어화의 목표는 상대에게 '전달하기'

마침내 STEP 3이다. 우리는 상대에게 말할 때 어떻게 전달할지 고민한다. 이때 중요한 사고법과 기술을 살펴본다.

### 말은 상대에게 주는 선물

나는 상대에게 전하는 말이나 글은 그 사람에게 주는 선물이라고 생각한다. 지금으로부터 약 30년 전, 선물을 잘못 골랐던 적이 있다. 당시 여자 친구(지금의 아내)에게 주려고 고른 선물은 다름 아닌 녹색 항아리. 그녀가 무엇을 원하고 좋아하는지 하나도 고려하지 않고 덥석 고른 것이다. 그런 내게 그녀는 말했다. "자기랑 계속 만나고 싶으니까 확실히 해 두는 건데……, 선물을 줄 거면 내가 원하는 걸 줘." 지당한 말씀입니다.

이렇듯 내 멋대로 고른 선물은 상대의 마음에 닿지 않는다. 선물을 주는 목적은 '건넨다'가 아니라 '상대가 기뻐한다'에 있다. 따라서 '상대가 원하는 것은 무엇일까?', '진심으로 좋아해 줄까?' 하고 받는 사람의 입장을 고려하는 것이 중요하다.

언어화도 마찬가지다. '전해진다'에 집중해야 한다. 그러면 마음이 엇갈리는 일은 없을 것이다.

## 말은 '상대'에게 전하는 선물이다

◎ 원하는 것을 신중히 골라 건넨다 = 기뻐한다

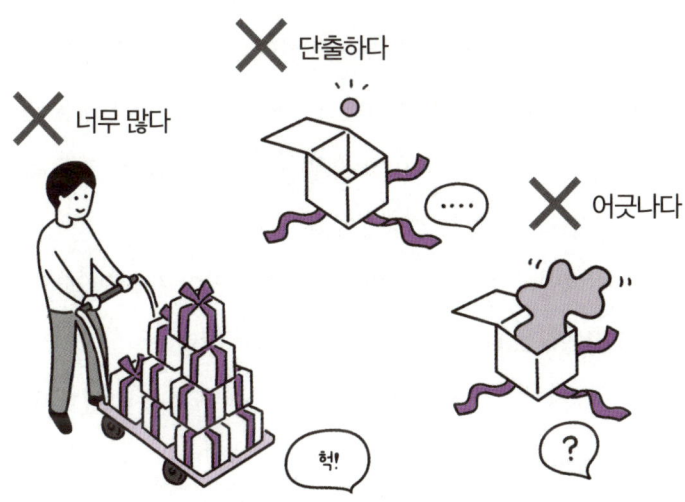

✕ 너무 많다

✕ 단출하다

✕ 어긋나다

## POINT 02 | 대전제 ①
## '이해하기 쉬운 말' 쓰기

이를테면 서울대 교수가 초등학생을 상대로 평소대로 수업하면 아이는 이해하지 못할 것이다. 지식 수준이 다르기 때문이다. 이처럼 확실하게 전달하려면 상대의 지식 수준에 맞춰 조절하는 것이 철칙이다. 기본 전제는 '중학생도 알아들을 수 있는 수준'이다. 어려운 말은 정말로 필요할 때 쓰자.

### 상대의 배경을 고려한다

내게는 한 살이 된 손주가 있다. 손주에게 말할 때는 "붕붕이가 지나갔네" 같은 유아어를 사용한다. 하지만 일로 만난 사람에게 "붕붕이"라고 말하면 '이 사람 제정신인가?'라고 생각할 것이다. 또 편의점의 외국인 직원에게는 쉬운 단어로 단순한 문장을 만들어 알아듣기 쉽게 말한다. 이처럼 같은 의미를 전달할지라도 상대에 따라 '전달되는 말'과 전달법이 달라진다.

상대가 어린아이나 외국인이라면 나오는 말이 저절로 달라진다. 하지만 비즈니스 상황이라면 크게 의식하기 어렵다.

잡지 기자로 일할 당시, 다양한 직종의 사람들을 인터뷰했다. 이때 '상대에 따라 말을 조절하는' 능력이 높아졌다.

예를 들면, 외국계 기업의 컨설턴트나 CEO와 인터뷰할 때는 일부러 영어를 섞어 말했다. "당신에게 어떤 프라이어티priority가 중요한가요?" 같이 말이다. 그들의 일상적인 대화에 자주 등장할 만한 단어를 사용하면 전달도 잘 되며, 상대 또한 대화가 잘 통하는 인터뷰어라고 생각한다.

한편, 영어가 익숙하지 않은 지방에 있는 공장장과 대화할 때는 영어를 사용하면 '이 사람 뭐야. 잘난 척하는 재수 없는 놈'으로 비칠 수도 있다.

이때는 다른 표현을 사용한다. "첫 번째 우선순위는 무엇인가요?", "요새 많이 팔리나요?", "시장이 좋네요" 같이 말이다.

이처럼 상대의 배경에 따라 말을 고르는 것이 중요하다.

상대의 배경을 정확히 알 수 없거나 다수에게 말을 전해야 할 때는 '중학생도 알아들을 수 있는 수준의 말을 사용하면' 된다.

중학생과 대화하는 장면을 상상해 보라. '지금 이 말을 알아들었을까?', '이 순서로 말하면 이해할까?' 등 신중하게 곱씹으며 말할 것이다. 그러면 지식이나 독해력이 부족한 사람이라도 뒤처지는 일이 없어지고, 전달력 향상에도 도움이 된다.

## POINT 03 | 대전제 ②
## 한 문장은 최대 60~70자로!

쉼표가 많고 장황하게 긴 글은 전달이 잘되지 않는다. 효과적인 전달을 위해서는 '한 문장에 한 가지 의미'만 담아야 한다. 말할 때도 마찬가지다.

### 한 문장에 한 가지 의미란

'한 문장에 한 가지 의미―文―義'는 한 문장 안에 한 가지 의미만 넣는다는 약속이다. 일반적으로 문장이 끝날 때 마침표를 찍는다. 마침표를 찍기 전까지 넣을 수 있는 정보를 한 가지로 정하면 훨씬 이해하기 쉬운 글이 된다. 참고로 한 문장에 여러 의미를 넣으면 한 문장 속에 다수의 메시지가 뒤섞여 상대가 이해하기 어렵다. 또 주어와 서술어가 멀리 떨어져 있으면 주어―서술어 호응이 맞지 않아 '비문'이 되기도 한다. 말이 어색해지고 메시지도 복잡해져 심한 경우 자신이 무슨 말을 하는지조차 모를 때도 있다.

한 문장의 글자 수는 최대 60~70자(공백 포함)가 좋다. 70자가 넘어가면 '문장을 쪼갤 수 있을까?', '불필요한 이야기나 군더더기 같은 수식어가 있을까?'를 확인하고 한 가지 의미만 남게 고쳐 보자.

## '한 문장에 한 가지 의미'를 넣으면 이해가 잘 된다

**잘못된 예시 : 한 문장이 길다.**

오늘 회의에서 건의하신 것은 신규 매장 인테리어 스타일과 비용에 관해서였고, 인테리어 스타일은 최종적으로 아메리칸 빈티지로 정해졌는데요, 현재 약 900만 원 정도 예산을 초과해 가구와 장식품을 재검토하는 방향으로 진행하고 있으니 하루 이틀 내에 수정된 계획을 보고하겠습니다.

**좋은 예시 : 한 문장에 한 가지 의미**

오늘 회의에서 건의하신 점은 두 가지입니다. 하나는 신규 매장 인테리어 스타일. 다른 하나는 비용입니다. 인테리어 스타일은 최종적으로 아메리칸 빈티지로 정해졌습니다. 하지만 비용을 보면 현재 약 900만 원 정도 예산을 초과했습니다. 따라서 가구와 장식품을 재검토하는 방향으로 진행하고 있습니다. 하루 이틀 내에 수정된 계획을 보고하겠습니다.

잘못된 예시를 보면 한 문장의 글자 수가 많고 마침표는 끝에 딱 한 개 있어요. 그에 비해 좋은 예시에서는 마침표가 6개 더 많아졌습니다. 훨씬 읽기 편하지 않나요?

## POINT 04 대전제 ③ '주장을 단호하면서 부드럽게' 전달하기

자신이 가진 생각을 전달하는 데에만 지나치게 집중하면 자칫 내 주장만 늘어놓기 쉽다. 상대가 다른 의견을 제시해도 "아니, 그게 아니라"라며 끝까지 듣지도 않고 부정하는 일도 흔하다. 하지만 이런 식으로 소통하면 인간관계는 나빠지고 만다. 그러니 '단호하면서 부드럽게' 전달해야 한다. 아래의 설명을 보자.

### 상대를 존중하면서 자신의 주장을 전달한다

'단호하면서 부드러운 자기주장'이란 상대를 존중하면서 자신의 의견이나 주장, 감정을 전달한다는 뜻이다. 다만 오해해서는 안 된다. 이는 자신의 의견이나 주장을 강요한다는 뜻이 아니다. 공격적으로 말한다, 고압적으로 말한다, 일방적으로 몰아붙인다, 상대의 논리를 무너뜨린다. 이것들 모두 단호하면서도 부드럽게 주장하는 방식이 아니다.

그렇다면 상대의 말을 곧이곧대로 받아들인다는 뜻일까? 아니면 속으로는 아니라고 생각하는데 겉으로는 "네, 동의합니다"라고 말한다는 뜻일까? 이것 또한 단호하면서 부드러운 태도가 아니다.

## 단호하면서도 부드럽게 전달하는 방법

- 상대의 의견을 존중한다.
- 자신의 의견도 주장한다.

- 자신의 의견을 강요한다.
- 속으로는 반대하면서 받아들인다.
- 공격적으로 대한다.
- 상대의 논리를 무너뜨린다.

## '단호하면서도 부드러운 대화'란?

### 단호하면서도 부드러운 대화의 잘못된 예시

A : B 씨는 디자인에 대한 지식과 경험이 아직 부족하죠? 불필요한 조언은 안 하셔도 돼요.

B : 상품 이미지를 훼손하지 않으려고 말했을 뿐이에요. 그쪽이야말로 디자인의 설득력을 높이려면 다른 사람 말도 들어 보세요.

### 단호하면서도 부드러운 대화의 좋은 예시

A : 의견 감사합니다. 다만 디자인 팀으로서는 △△을 수정하면 상품이 눈에 띄지 않을까 봐 우려하고 있습니다. 이 대안으로 새로운 □□을 준비했습니다. 어떤가요?

B : A 씨의 소중한 제안 감사합니다. 디자인 팀의 우려에 저희도 동의합니다. 그러나 설득력을 높이려면 역시 △△가 가장 적합하다고 생각합니다. 그러니 상품 사진을 ☆☆로 바꾸고…….

단호하면서도 부드럽게 전달하면 건설적인 대화를 나눌 수 있어요.

## POINT 05 | 대전제 ④ 상대에게 '잘 전달되고 있는지' 확인하기

어떤 내용을 전달하는 동안 '정말로 잘 전달되고 있는지' 확인해야 한다. 만약 전달이 잘 되지 않는다고 느껴지면 설명 방식을 바꾸거나 정보를 추가해야 한다. 이처럼 PDCA(계획·실행·평가·개선) 사이클을 반복하면 전달력, 즉 언어화 능력이 점점 강화된다.

### '전달되지 않은' 신호란

잘 전달되고 있는지 아닌지 어떻게 알 수 있을까? 바로 상대의 표정과 반응을 관찰하면 된다. 잘 전달되지 않으면 상대는 어떤 신호를 보낸다.

예를 들면 표정이 어둡다, 고개를 갸우뚱한다, 미간을 찌푸린다, 침묵한다, 집중하지 않고 멍하다 등이 있다. 이러한 반응을 보이면 전달이 잘 되지 않았을 확률이 높다. 그럴 때는 "이해하셨나요?", "헷갈리는 부분이 있나요?", "○○ 부분은 이해되셨나요?", "질문 있으신가요?" 등을 물어보면서 확인하자.

상대가 당신의 말에 위화감을 느끼거나 석연찮게 생각하는 것처럼 보이면, 설명을 보충해야 한다. 상대의 표정과 반응을 척도로 말을 전달해 보자.

## 비언어적 반응을 확인하자

☐ 표정이 어둡다.

☐ 고개를 갸우뚱한다.

☐ 미간을 찌푸린다.

☐ 침묵한다.

☐ 집중하지 않고 멍하다.

상대의 말을 그대로 넘기지 말고
표정과 목소리 톤도 살핀다.

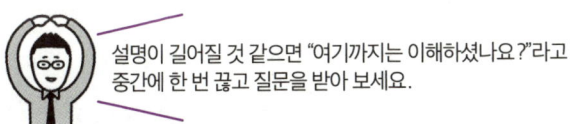

설명이 길어질 것 같으면 "여기까지는 이해하셨나요?"라고 중간에 한 번 끊고 질문을 받아 보세요.

## POINT 06 | 대전제 ⑤ 상대의 '니즈' 파악하기

상대의 니즈를 파악한다는 것은 곧 '상대에게 필요한 요소를 알아낸다'라는 뜻이다. 니즈를 알면 불필요한 요소를 깔끔하게 버리고 상대가 만족하는 수준의 '요약'도 할 수 있기 때문이다.

### 불필요한 요소는 깔끔하게 버린다

요약할 때는 내가 버리고 싶은 부분을 버리는 것이 아니라 '상대에게 필요하지 않은 것'을 버려야 한다. 지금 당신은 STEP 2에서 구체화함으로써 다양한 정보를 획득한 상태다. 즉 동네 채소 가게가 아니라 백화점이다. "채소만 줄 수 있어요"가 아니라 "식료품도 옷도 화장품도 가구도 다 줄 수 있어요"처럼 상대의 요구를 얼마든 충족시켜 줄 수 있다.

그렇다면 무엇을 주면 될까? 상대가 허기져 있다면 음식을 줄 때 기뻐할 것이고, 지저분한 셔츠를 입고 있다면 양복을 건넬 때 만족할 것이다.

이를 언어화에 대입하면 어떻게 될까?

이익을 중요시하는 사람에게는 '이익이 얼마인지 숫자로 보여 줄 때' 더 쉽게 이해할 것이다. 반면 사회문제에 관심 있는 사람은 '숫자보다 사회적 의의를 호소해야 더 깊게 공감할 것이다.' 요컨대 때와 장소, 상황에 따라 무엇을 주면 좋아할지 고민해야 한다.

어려운 일이다. 하지만 구체화하면 필요한 말을 훨씬 쉽게 고를 수 있다. 왜냐하면 갑자기 떠오른 말을 무작정 던지는 것이 아니라 구체화된 말을 보면서 신중하게 고르기 때문이다. 케이크 집에 가서 '다 맛있어 보이는데 가족들은 어떤 케이크를 좋아할까?' 고민하다 구매하는 행위와 비슷하다. 상대의 요구에 맞춰 구체화된 정보를 가려낼 수 있게 되면 전달력이 크게 향상된다.

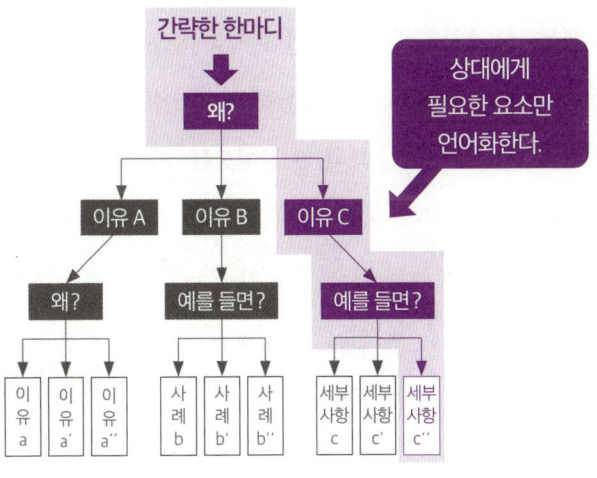

불필요한 요소는 깔끔하게 버릴 용기를 가지세요.

## POINT 07 | 간결하고 이해하기 쉽게 전달하는 요령

이것저것 다 말하고 싶을 때가 있다. 아마 그 원인은 '시간의 제약'을 간과하기 때문일 것이다. 중요한 것은 '시간이 얼마나 걸리든 말할 수 있다', '몇 장이든 쓸 수 있다'라는 생각을 버려야 한다.

이럴 때 좋은 대처법은 말하거나 글을 쓸 때 시간에 제한을 두는 것이다. 예를 들면 '일 분밖에 없다면 말할 때 어떤 요소를 생략할 것인가?', '300자 이하로 요약해야 한다면 어떤 정보를 뺄 것인가?' 식으로 '제한이 있다'라고 가정해 보자.

물론 '3분 발표', '1,000자 이하'처럼 처음부터 시간이나 글자 수가 정해져 있는 상황도 있다. 하지만 이런 제한이 없더라도 일부러 제약을 만들면 버릴 정보와 남길 정보를 구분하기 쉬워진다.

### 구체화한 내용을 다시 추상화한다

짧고 간결하게 전달하기 위해서 구체화한 것을 다시 추상화하는 방법도 있다. 예를 들면 상사 A가 어떤 사람인지 아래와 같이 구체화했다고 해 보자.

- A는 사장님을 대하는 태도와 건물 경비원을 대하는 태도가 같다.
- A는 남성에게도 여성에게도 똑같은 기회를 준다.
- A는 숫자를 꼼꼼하게 보고 평가하는 사람이다.

이를 짧게 요약하면 'A는 공평한 사람이다'가 된다. 모처럼 구체화해서 해상도를 높였는데 다시 요약하는 것이 아쉽다고 생각할 수도 있다. 하지만 시간이나 글자 수에 제한이 있을 때는 핵심을 전달해야 진짜 의도가 잘 전달된다.

이미 구체화한 것을 요약해서 해상도를 높일 때는 우선 구체화된 정보들의 '공통점'부터 찾는다. 그리고 이 공통점이 드러나는 적합한 표현을 찾는다. 위의 예시에서는 '공평하다'가 그런 표현이다. 가장 어울리는 표현을 찾으려면 STEP 1의 어휘력이 뒷받침되어야 하지만, 설령 어휘력이 부족하더라도 이 단계에서 가장 적합한 표현을 찾음으로써 어휘력을 높일 수 있다.

## POINT 08 | 이야기를 구성할 때 '3대 형식' 활용하기

상대에게 어떤 요소를 전달할지 골랐다면 이번에는 '어떤 전개로 설명하면 가장 효과적으로 전달되는지'를 생각한다. 언어화가 서툰 사람 중에는 한 문장에 하나의 의미만 넣어 전달할 수는 있어도 말솜씨는 없는 사람이 의외로 많다. 하지만 지금부터 소개할 형식을 활용하면 이야기 구성을 짤 때 더는 고민하지 않아도 된다.

### 줄기 → 가지 → 잎은 대전제다

형식을 소개하기에 앞서 알아야 할 대전제는, 이야기의 기본적인 구성은 '줄기 → 가지 → 잎'이라는 것이다. 즉 핵심 정보에서 구체적인 정보 순으로 전달한다. 예를 들면 다음과 같다.

줄기 : 저는 문장 전문가입니다.
가지 : 책을 집필하거나 글쓰기를 가르칩니다.
잎 : 영업을 위한 글쓰기나 SNS 글쓰기 방법 등

어떤 내용인지 알 수 있게 '줄기'를 전달한 뒤 점점 세부적으로 가지가 뻗어 나가는 구조다. '줄기 → 가지 → 잎'을 바탕으로 더 확장된 '이야기 전개'를 구성할 때 활용할 수 있는 형식 세 가지를 아래에 소개한다. 전달하려는 내용 또는 목적에 맞춰 형식을 선택해 이야기를 구성해 보자.

## 이야기 전개가 훨씬 쉽게 이해되는 3대 형식

**1**
**결론부터 말하는 형식**

하나의 메시지를
깊이 있게
전달할 때

**2**
**열거 형식**

여러 정보를
정리해서 전달할 때

**3**
**스토리 형식**

읽는 사람의
마음을 움직이고
공감을 얻어야 할 때

어떤 형식을 활용하든 대전제가 되는 '줄기 → 가지 → 잎'을 기억하세요.
이제 각 형식을 살펴보아요.

## POINT 09 | 이야기 형식 ①
## 결론부터 말하는 형식

누군가의 이야기를 듣거나 글을 읽다 답답하거나 피곤했던 경험이 있을 것이다. 왜일까? 그 이유는 '뒷이야기가 예상되지 않기' 때문이다. 이야기의 전개가 보이지 않으면 상대는 '결국 하고 싶은 말이 뭘까?'라며 스트레스를 받는다.

이런 일을 피하려면 "나는 이제부터 이런 이야기를 할 거예요"라고 이야기의 핵심 주제나 결론부터 전달하는 것이 중요하다.

### 결론을 모르면 길을 헤맨다

당신은 낯선 곳에 있고, 이 동네를 잘 아는 A에게 명소를 안내받기로 했다고 해 보자. "저만 믿고 따라오세요." A는 손을 흔들며 앞장섰다. 당신은 두세 걸음 뒤에서 따라가고 있다.

다음 순간, A가 갑자기 오른쪽으로 방향을 틀었다. 길을 잃지 않도록 당신도 오른쪽으로 방향을 틀었다. 그러자 A는 깜빡이는 신호를 보고 냅다 뛰어 건널목을 건넜다. 당신도 젖 먹던 힘을 다해 쫓아갔다. 그리고 주택을 개조한 가게로 들어섰다. '아, 이제 다 왔나?'라고 생각하는 순간 A가 자리에 앉으며 말했다. "숨이 차니까 조금 쉬었다 가죠." 지금 당신은 과연 어떤 생각을 할까?

"그래서 가려는 곳이 어디인데요?"

"적어도 목적지가 어디고 15분 정도는 걸을 것이다, 정도는 알려줘야죠."

분명 이렇게 짜증이 나지 않을까? 언어화도 마찬가지다.

### 먼저 전체적인 전개나 결론을 전달한다

이야기의 목적이 드러나지 않거나, 중요한 의미를 전달해 이야기의 방향을 분명하게 제시하지 않으면 상대는 스트레스가 쌓이기만 한다. 이해하려는 마음도 사라지고 지금 이곳이 어딘지도 알 수 없다. 따라서 전체적인 그림이나 결론부터 전달해야 한다. 결론부터 말하는 형식은 보고 – 연락 – 상담을 비롯해 어떤 제안이나 기획을 전달할 때 요긴하게 사용된다. 또 회의에서 찬성 또는 반대를 주장하거나 제한된 시간 내에 '○○에 대해 설명하기'를 해야 하는 상황에서도 효과적이다.

---

#### '결론부터 말하는 형식' 4단계

1. **결론** (가장 전달하고 싶은 메시지)
2. **이유·근거** (가장 전달하고 싶은 메시지가 그것인 이유)
3. **구체적인 예** (세부 내용)
4. **정리** (없어도 되지만, 이야기가 길어질 때는 도움이 된다.)

## '결론부터 말하는 형식'을 활용한 예

● 의견을 전달할 때

| | |
|---|---|
| 결론<br>(메시지) | 내일 심포지엄에서는 점심 식사 후에 '낮잠'의 유용성을 발표할 예정입니다. |
| 이유·근거 | 낮잠에는 뇌의 피로를 낮추는 효과가 있고, 스트레스 호르몬 분비를 억제해 몸과 마음의 활력을 되찾는 효과도 기대할 수 있다고 합니다. |
| 구체적인 예<br>(세부 내용) | NASA 연구에서는 20~30분의 낮잠이 업무 능력 향상에 효과적이라고 증명되었습니다. 또 일부 대기업에서는 개인 수면실을 도입해 직원들의 생산성 향상을 도모한 사례도 있습니다. 창의성에 관한 연구에서는 수면이 발상력을 높이는 역할을 하는 것으로도 밝혀졌습니다. |
| 정리 | 적절한 낮잠이 습관화되면 직장인의 몸과 마음이 활기를 되찾아 생산성이 향상됩니다. 그 결과 업무 효율도 높아질 것입니다. |

● 문제 상황을 보고할 때

| | |
|---|---|
| 결론<br>(메시지) | 과장님, 납품 관련 문제 상황을 보고드립니다. A 회사에서 수주 받은 400개의 상품 중 40개만 납품되었습니다. |
| 이유·근거 | 제가 주문서에 기재된 숫자를 잘못 읽었습니다. |
| 구체적인 예<br>(세부 내용) | 이미 A 회사 담당자에게 사죄의 말씀을 전했고, 납품되지 않은 360개는 추가 배송하였습니다. 내일(23일) 오전 중에는 A 회사에 도착할 예정입니다. |
| 정리 | 제 부주의로 이런 일이 발생해 정말로 죄송합니다. 앞으로는 상품 발송에 더 철저한 주의를 기울이겠습니다. |

문제 상황이 있거나 실수를 저질렀을 때, '❷ 이유·근거'로 실수의 원인을 전달하세요. 그리고 '❸ 구체적인 예(세부 내용)'에는 문제 상황의 세부적인 내용보다 대책안을 쓰면 더 좋아요.

## POINT 10 | 이야기 형식 ②
## 열거 형식

"이 프로젝트의 핵심은 세 가지입니다' 첫 번째는 ○○, 두 번째는 △△, 세 번째는 □□입니다. 우선 첫 번째 핵심인 ○○부터 설명하겠습니다." 이것이 소위 말하는 '열거 형식'이다. 하나의 메시지로 좁히는 결론부터 말하는 형식과 달리, 중요도가 같은(병렬적) 정보가 여러 개 있을 때 이 열거 형식이 유용하다.

### 핵심을 가려낸다

전달하고 싶은 것이 많다고 전부 나열한들 상대의 마음에는 남는 것이 없다. 중요한 것은 상대의 요구와 부합하지 않는 정보는 버리고, 상대 요구를 충족시키는 주요 핵심을 세 가지 정도로 간추리는 것이다. 열거하는 개수는 3~5개가 적당하다. 개수가 많아질수록 이해도가 떨어진다.

열거 형식은 이 핵심들이 추려 내고 정리된 것이라 상대가 스트레스 없이 내용을 이해할 수 있다는 장점이 있다. 서두에 "핵심은 세 가지입니다"라는 말을 들으면 '아, 핵심은 세 가지이고 이제 차례대로 설명하겠구나' 하고 이야기 전개를 예측할 수 있다. 그러면 뒤에 이어질 내용도 머릿속에 잘 들어온다. 열거된 핵심별로 분석 및 평가를 추가할 수 있다는 점도 열거 형식의 매력이다.

## '열거 형식'의 4단계

1. 전체적인 그림을 보여 준다. (핵심은 몇 개인가?)
2. 첫 번째 핵심 → 세부 내용
3. 두 번째 핵심 → 세부 내용
4. 세 번째 핵심 → 세부 내용

## 열거 패턴

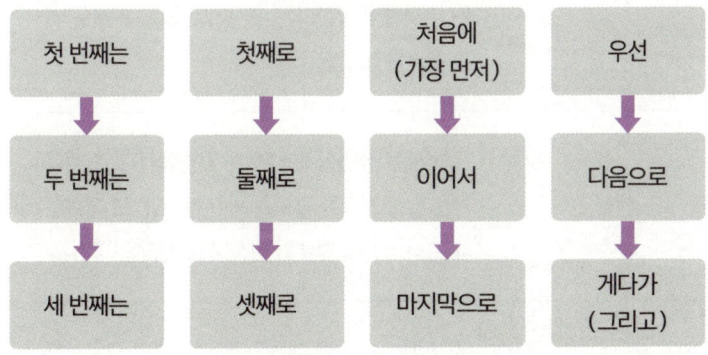

'처음에(가장 먼저) → 이어서 → 마지막으로' 패턴은 정보를 순차적으로 전달해야 할 때 사용한다. '회원 로그인을 하려면 다음 3단계를 실시하세요' 같은 식이다. '우선 → 다음으로 → 게다가(그리고)'는 순서가 있는 경우에도, 순서가 없는 경우에도 모두 사용할 수 있다.

전달하고 싶은 내용이 많을 때는 열거 형식을 사용해 보세요.

## '열거 형식'을 활용한 예

● 의견을 전달할 때

| | |
|---|---|
| 전체적인 그림을 보여 준다. | 호텔 직원이 고객 앞에서 주의해야 할 점은 다음 세 가지입니다. |
| 핵심 1 | 첫 번째는 미소와 인사입니다. 특히 고객을 맞이할 때의 첫인상이 중요합니다. 미소로 인사하기는 고객을 환영한다는 표시이며 좋은 관계를 맺는 첫걸음입니다. |
| 핵심 2 | 두 번째는 정중한 말투와 눈 맞춤입니다. 고객에게는 항상 친절한 말씨를 써야 합니다. 또 대화할 때 고객의 눈을 맞추면 진심이 잘 전달됩니다. |
| 정리 | 세 번째는 신속한 대응입니다. 고객의 요구사항이나 문의 사항에 신속하게 대응하는 것은 고객의 만족도를 높이는 중요한 일입니다. 최대한 고객을 기다리지 않게 하겠다는 마음가짐이 중요합니다. |

> 각 핵심 내용은 줄기 → 가지 → 잎으로 구성한다.

● 메일에도 활용할 수 있다

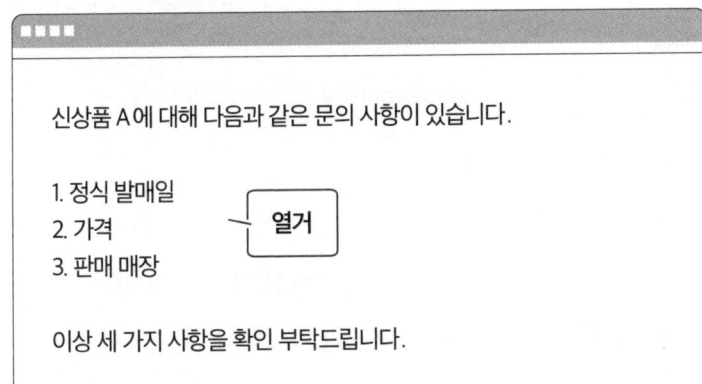

신상품 A에 대해 다음과 같은 문의 사항이 있습니다.

1. 정식 발매일
2. 가격
3. 판매 매장

열거

이상 세 가지 사항을 확인 부탁드립니다.

열거를 하면 '큰 줄기'만 보아도 읽는 사람이 직관적으로 이해할 수 있어요.

# POINT 11 | 이야기 형식 ③ 스토리 형식

'스토리 형식' 하면 어떤 이미지가 떠오르는가? 할리우드 영화처럼 박진감 넘치는 스토리나, 로맨스 소설처럼 극적인 스토리 등 여러 가지가 떠오를 것이다. 맞다. '스토리 형식'은 바로 이야기다. 상대의 마음을 흔들거나 호기심을 자극하고 싶을 때 이 형식을 활용한다.

### 시작은 '갈등'에서부터

스토리는 전개가 중요하므로 처음은 갈등에서 시작하도록 의식한다. 밑바닥에 있는 주인공이 어떤 계기를 통해 성장하는 전개는 사람들을 끌어당긴다. 왜냐하면 인간은 실패, 좌절, 콤플렉스 등 부정적인 이야기에 더 많이 공감하기 때문이다. 그리고 마지막은 해피엔딩으로 끝난다. 스토리 형식의 기본 전제는 아래와 같다.

---

#### '스토리 형식' 4단계

1 **발단** (세상이나 자신이 가진 갈등 요인에서 시작한다.)
2 **전환** (갈등 요소를 해소하는 사람, 어떤 사건을 겪다.)
3 **성장** (전환이 되는 만남을 통해 변화나 진화가 일어난다.)
4 **미래** (멋진 해피엔딩이 예상된다.)

## '스토리 형식'에서는 우상향을 염두에 둔다

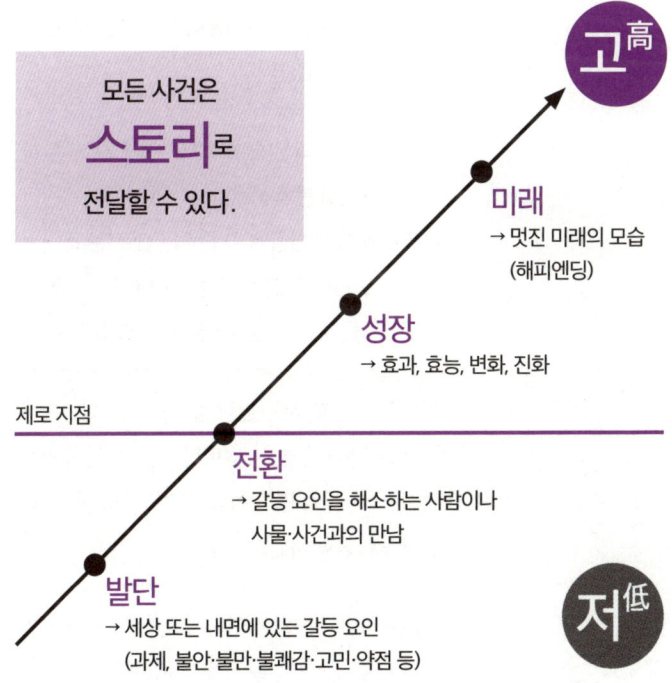

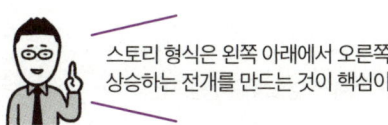
스토리 형식은 왼쪽 아래에서 오른쪽 위로 상승하는 전개를 만드는 것이 핵심이에요.

## '스토리 형식'을 활용한 예

● 나의 성장 배경을 전달할 때

| | |
|---|---|
| 발단<br>(갈등) | 이 팀에서 제일 경험이 부족하고 전문 용어도 하나도 몰랐던 저는 현장직들이 하는 질문에 아무 대답도 하지 못했습니다. |
| 전환 | 그런 제게 현장의 기초부터 차근차근 알려 준 사람은 다섯 살 많은 A 선배입니다. A 선배가 시간만 되면 저와 함께 현장에 가 준 덕분에 전문 용어는 물론이고, 현장에 있는 분들과 어떻게 친해지고 어떻게 일을 하면 되는지 배울 수 있었습니다. |
| 성장 | 그리고 일 년 후, 저는 현장 감독을 맡게 되었습니다. "재료가 곧 동날 것 같아"라는 말에 "이미 확보했습니다. 내일이면 도착해요"라고 대답할 수 있을 정도로 성장하게 되었습니다. |
| 미래 | 지금은 어엿한 팀원이 되어 고객의 집을 짓고 있습니다. 무사히 완성된 집을 전해드릴 때 진심으로 자랑스럽습니다. 앞으로도 고객의 웃는 얼굴과 행복한 미래를 위해 노력하겠습니다. |

각 내용은 줄기 → 가지 → 잎으로 구성한다.

● 제안할 때 *전환 부분에서 제안한다.

| | |
|---|---|
| 발단<br>(갈등) | 최근 업무 평가 설문조사에 따르면 70% 이상이 직원 간 소통 문제(비효율적인 전달)를 지적하고 있습니다. 실제로 소통 오류로 프로젝트 지연, 중복 작업, 의욕 저하 등이 발생하고 있습니다. |
| 전환 | 그래서 제안합니다. 사내 업무용 메신저를 도입합시다. 실시간으로 정보를 공유하면 업무 효율이 높아지고 문제점도 신속하게 해결할 수 있습니다. |
| 성장 | 업계에서 신뢰도 높은 메신저(예 : Slack, Chatwork 등)를 비교 검토해 당사의 니즈에 가장 적합한 메신저를 채택합니다. 이후 연수나 워크숍으로 직원들이 새로운 메신저를 효과적으로 활용할 수 있도록 지원합니다. 도입 후 3개월, 6개월마다 이용 현황과 효과를 확인하고 필요에 따라 개선합니다. |
| 미래 | 이 제안을 실행하면, 직원들 간의 소통 및 팀 간의 협력이 원활해지고 효율성이 향상돼 더 생산적인 업무 환경을 조성할 수 있다고 확신합니다. |

# POINT 12 | 상대의 호기심을 자극하는 기법 활용하기

상대에게 잘 '전달하기' 위해서는 이야기의 흐름만 고민할 것이 아니라, 글을 생생하게 전달하는 '기술'도 있어야 한다. 스토리 형식이 이야기의 구성과 전개를 담당한다면, 기법은 이야기 안에서 표현을 맡는다.

### 상대를 몰입시키는 언어 기법

'표현 기법'이라고 하면 비유나 의인법 같은 것들이 생각날 것이다. 물론 이 기법들은 상대의 이해도를 높일 때 꼭 언급되기 때문에 이 책에서도 살펴볼 것이다. 하지만 그걸로 끝이 아니다.

업무 상황에서 활용하면 높은 효과를 얻을 수 있는 '마음을 사로잡는 기술'도 함께 알아본다. 이 기법들은 상대를 감탄시키고 궁금증을 유발해 무심코 몰입하게 만드는 전달법이다. 호기심을 자극하고, 마음을 사로잡는 기법들을 모두 공개하겠다.

기법을 활용해 상대의 관심을 끌어 보세요.
어떤 기법이든 비즈니스 상황에서 아주 유용해요.

## 상대의 호기심을 자극하는 기법 Best 10

❶ 비교하기

❷ 대비 이용하기

❸ 의성어, 의태어로 표현하기

❹ 비유와 예시

❺ 의인법으로 묘사하기

❻ 매력적인 숫자로 가공하기

❼ 얻게 될 것을 알려 주기

❽ 인상적인 키워드 사용하기

❾ 중요한 내용은 반복하기

❿ 긍정적으로 전달하기

## POINT 13 | 마음을 사로잡는 기법 ① '비교'하기

정보란 늘 상대적이다. 어떤 사람이 "오늘 매출은 100만 원입니다"라고 말했다고 해 보자. 이 말을 들은 당신은 대답을 망설인다. 왜냐하면 100만 원이 그 사람에게 큰 액수인지 적은 액수인지 모르기 때문이다. 축하해야 할지 위로해야 할지 판단이 서지 않는다.

반면, 이런 말을 들으면 어떤 생각이 드는가? "하루 평균 매출이 220만 원인데, 오늘은 100만 원이다." 이렇게 비교 대상을 이용한 전달법이라면 내용을 적절하게 평가할 수 있다. 그 결과 "평소의 절반도 안 되네요. 고생하셨네요"라는 말을 건넬 수도 있다. 이렇듯 세상은 '하나의 정보만'으로 평가하거나 판단하기 어렵다. 즉 진정한 의도나 진실이 전달되지 않는 경우가 많다.

당신이 어떤 것을 전달할 때, '하나의 정보만'으로 내용을 온전하게 전달할 수 있을까? 그럴 수 없을 것이다. 이제 비교 대상을 활용해 전달해 보자. 비교를 통해 모든 일의 진정한 의도나 사실이 분명해지면 상대가 정확하게 이해할 가능성이 높아진다.

## '비교'를 통해 진정한 의도를 명확하게 전달한다

| 비교를 사용하지 않은 경우 | 비교를 사용한 경우 |
|---|---|
| 매일 사우나에 가는 사람은 치매에 걸릴 확률이 낮다. | 매일 사우나에 가는 사람은 주 1회 이하로 사우나에 가는 사람보다 치매에 걸릴 확률이 66% 낮다. |
| 식당에 갔는데 ○○ 와인 한 병을 3만 원에 판매하고 있었다. | 식당에 갔는데 작년에는 2만 원이었던 ○○ 와인을 오늘은 3만 원에 팔고 있었다. |
| 연 수입 3,000만 원 이하인 사람 중 하루에 30분 이상 경영서를 읽는 비율은 2%다. | 하루에 30분 이상 경영서를 읽는 사람의 비율 중 부유층은 88%인 데 반해 연 수입 3,000만 원 이하인 사람은 2%다. |
| 오늘 부장님은 온화했다. | 어제 부장님은 납기를 못 지킨 거래처에 "우리도 바쁘다고요!"라고 소리쳤다. 그런데 오늘은 "12월은 바쁜 시기니까 그럴 수 있죠"라며 온화하고 관대하게 대응했다. |

두 대상을 비교하거나 시간순으로 비교하는 등 여러 비교법을 활용해 보세요.

## POINT 14 | 마음을 사로잡는 기법 ② '대비' 이용하기

글 안에서 대비를 두는 기술이다. 이 기법은 내가 글을 쓸 때 항상 의식하고 있는 필살기다. 대비를 만들면 호기심과 공감을 쉽게 끌어낼 수 있다. 앞에서 설명한 '스토리 형식'과 비슷하지만, 이 '격차'는 더 짧은 글에 활용하는 기법이다. 대표적인 예시를 보자.

《불량소녀, 너를 응원해!》*는 베스트셀러에도 오르고 영화로도 만들어졌다. 전교 꼴찌였던 여학생이 입학하기 어려운 명문대 게이오대학에 합격한 이야기다. 여기에 대비가 있다.

만약 제목이 《전교 1등 여학생이 상위권 성적을 유지하다 게이오대학에 입학한 이야기》였다면 아무런 대비가 없어서 그 누구도 흥미를 갖지 않을 것이다. 우리의 생각보다 사람들은 대비에 열광한다.

베스트셀러 책 중에는 이 기법을 활용한 제목이 많다. 서점에 가서 대비를 이용한 제목의 책을 찾아보는 것도 대비 기법에 능숙해지는 데에 좋은 훈련이 될 것이다.

---

* 역자 주: 원제를 번역하면 다음과 같습니다. 《전교 꼴찌 여학생이 일 년 만에 성적을 극적으로 올려 게이오대학에 한 번에 합격한 이야기》

## '대비'를 통해 호기심과 공감을 끌어낸다

| 대비를 사용하지 않은 경우 | 대비를 사용한 경우 |
|---|---|
| 11월 3일에 영업을 재개합니다. | 자금난으로 한때는 폐업하려 했지만, 여러분이 힘을 보태 주셔서 11월 3일에 영업을 재개합니다. |
| 상반기에 계약 50건을 수주했습니다. | 100전 100패. 입사 후 3년 동안 단 한 건의 계약도 따지 못했던 제가 상반기에 계약 50건을 따냈습니다. |
| 납품 기한을 맞췄습니다. | 디자인 변경, 문구 변경 등 수정 작업이 계속 끝도 없었지만, 간신히 납품 기한을 맞췄습니다. |
| 맛있었습니다. | 후기 사이트의 평점이 낮아 기대하지 않았는데 먹어 보고 맛있어서 깜짝 놀랐습니다. |
| A는 지방으로 좌천되었다. | A는 동기 중 최초로 부장으로 승진했는데 갑자기 지방으로 좌천되었다. |

좋은 상태 → 나쁜 상태 혹은 나쁜 상태 → 좋은 상태 둘 다 활용할 수 있어요.

## POINT 15   마음을 사로잡는 기법 ③
## '의성어·의태어'로 표현하기

의성어·의태어를 활용하는 기법이다. 이 기법을 활용해 '소리'나 '마음의 상태'를 표현하면 생동감이 생겨 상대방에게 느낌을 직관적으로 전달할 수 있다.

### 의성어·의태어로 장면이 떠오르다

사람이 걷는 모습만으로도 '꾸물꾸물', '느릿느릿', '휘청휘청', '어슬렁어슬렁', '후다닥', '성큼성큼', '아장아장' 등 다양하게 표현할 수 있다.

의성어·의태어를 활용해 사물과 사물의 소리, 목소리, 상황, 마음의 상태 등을 묘사하면 상대는 마치 실제로 그 광경을 보고 있는 듯한 생생한 느낌을 받는다. 이 기법을 잘 활용하면 상대에게 깊은 인상을 남길 수 있다.

그런데 의성어·의태어를 모르면 활용 자체를 하지 못한다. 이 기법을 사용하려면 유의어를 검색해 사용할 수 있는 단어의 범위를 늘려야 한다.

[의태어]
사람이나 사물의 움직임을
나타내는 표현
- 조마조마
- 안절부절

[의성어]
사람이나 동물의
소리를 나타내는 표현
- 깔깔
- 멍멍

## '의성어·의태어'를 통해 현장감을 더한다

| 의성어·의태어를 사용하지 않은 경우 | 의성어·의태어를 사용한 경우 |
|---|---|
| 그의 표정이 바뀌더니 다음 순간 얻어맞았다. | 그의 표정이 싹 바뀌더니 다음 순간 퍽 하고 얻어맞았다. |
| 곧 합동 발표 결과가 나온다. 팀원 모두가 연락을 기다리고 있다. | 곧 합동 발표 결과가 나온다. 팀원 모두가 조마조마한 마음으로 연락을 기다리고 있다. |
| 그녀는 사진을 보고 울었다. | 그녀는 사진을 보고 훌쩍훌쩍 울었다. |
| 부장님은 자리에 앉자마자 맥주를 한 번에 들이켰다. | 부장님은 자리에 털썩 앉자마자 맥주를 벌컥벌컥 한 번에 들이켰다. |

## POINT 16 | 마음을 사로잡는 기법 ④ '비유'와 '예시'

어떤 것을 전달할 때 다른 것에 비유하면 강조하는 효과가 생겨 이해도 잘 된다. 이것이 '비유'의 매력이다. 비유가 어떻게 쓰이는지 배우고 표현력을 늘려 보자.

### 비유의 두 가지 방법 '직유'와 '은유'

비유에는 직유와 은유 두 종류가 있다. 직유는 '그녀는 마치 태양 같다'처럼 '마치 ○○ 같다, 듯하다'로 다른 것에 비유하는 기법이다. 은유는 '그녀는 우리의 태양이다'처럼 '같다'를 사용하지 않고 비유하는 기법이다.

### '예시'를 통해 이해도를 높인다

조금 어려운 기법인데, 예시를 활용하면 공감하기 어려운 이야기도 상대의 공감을 더 끌어낼 수 있고, 이미지를 떠올리기 쉬운 형태로 바꾸어 전달할 수 있다. 이를테면 다음과 같다.

- 부족하다. → 간장을 넣지 않은 계란밥 같다.
- 근본적인 해결책이 아니다. → 악취를 풍기는 쓰레기에 탈취 스프레이를 뿌리는 것과 같다.

## '비유'를 통해 상상하기 쉬워진다

| 비유를 사용하지 않는 경우 | 비유를 사용한 경우 |
|---|---|
| 부장님의 의지는 강하다. | 부장님의 의지는 강철처럼 강하다. |
| 그는 지식이 많다. | 그는 구글에 견줄 정도로 지식이 많다. |
| 그는 상황을 받아들이지 못해 입을 다물지 못했다. | 그는 상황을 받아들이지 못해 악어처럼 입을 다물지 못했다. |
| 사우나를 끝내고 찬물에 들어가면 따뜻한 공기가 몸을 감싼다. | 사우나를 끝내고 찬물에 들어가면 새의 깃털같이 따뜻한 공기가 몸을 감싼다. |
| 과장님은 얼굴이 새빨개져 분노하고 있다. | 과장님은 홍당무처럼 얼굴이 새빨개져 분노하고 있다. |

진부한 비유가 아닐 때 인상에 더 깊게 남아요.

## POINT 17 | 마음을 사로잡는 기법 ⑤ '의인법'으로 묘사하기

의인법이란 사물이나 현상을 사람에 대입해 표현하는 기법을 말한다. 의인법을 활용하면 상황이나 사건을 상대방이 생생하게 느끼도록 묘사할 수 있다.

### 의인법을 활용하면 눈앞에 광경이 그려진다

'산들바람이 뺨을 어루만진다.'

산들바람은 사실 인간의 뺨을 어루만질 수 없다. 하지만 '어루만진다'라는 의인법을 사용하면 부드러운 산들바람이 나에게 다가오는 듯한 이미지가 전달되지 않는가?

[의인법의 예시]

- 당장이라도 울 것 같은 하늘
- 지구가 화내고 있다.
- 새가 노래한다.
- 배꼽이 빠진다.
- 똑똑한 애플리케이션
- 펜이 내달리다.
- 뉴욕이 나를 부르고 있다.

## '의인법'을 통해 생동감을 더한다

| 의인법을 사용하지 않는 경우 | 의인법을 사용한 경우 |
|---|---|
| 아침부터 커피 기계 상태가 이상하다. | 아침부터 커피 기계 상태가 이상하다. 결국 파업을 선언했다. |
| 중요한 서류를 잃어버렸다. | 중요한 서류가 행방불명이다. |
| 스마트폰이 고장났다. | 스마트폰이 운명했다. |
| 디자인이 엉망진창이다. | 디자인이 서로 충돌하고 있다. |
| 마감 기한을 연장할 수 없다. | 마감 기한은 기다려 주지 않는다. |

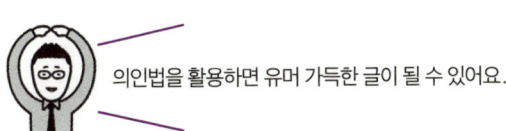

의인법을 활용하면 유머 가득한 글이 될 수 있어요.

## POINT 18 | 마음을 사로잡는 기법 ⑥
## '매력적인 숫자'로 가공하기

기업에서는 '숫자'를 중요시한다. 중요한 요소와 관련된 숫자는 생략 없이 제대로 전달해야 한다. 그래서 이번에는 데이터상의 숫자를 그대로 사용하는 것이 아니라 상대의 마음을 사로잡기 위해 이 숫자를 '가공'하는 기법을 살펴본다.

### 구체화된 숫자를 가공한다

STEP 2에서는 되도록 숫자를 사용해 구체화하자고 설명했다. 그러나 5W3H 등으로 구체화된 숫자는 단순히 사실을 말하는 무미건조한 데이터다. 예를 들면, 올해 매출액은 3억 원이고 작년 매출액은 3천만 원이었다고 해 보자. '비교' 기법을 활용해 이 숫자를 그대로 전달해도 되지만, 가공하면 다른 가치도 보여 줄 수 있다.

'올해 매출액은 작년보다 10배 이상 기록했다.' 만약 회사의 빠른 성장 속도를 강조하고 싶다면 이 표현이 더 효과적이다. 같은 양이더라도 1g보다 1,000mg이 시각적으로 더 강한 인상을 남긴다. 구체화된 숫자를 더 긍정적인 인상을 남기는 쪽으로 가공할 수 있다면 적극적으로 이 기법을 연마해 보자.

## '숫자 가공'을 통해 강렬한 인상을 남긴다

| 숫자를 가공하지 않은 경우 | 숫자를 가공한 경우 |
|---|---|
| 88명의 고객 중 81명이 "상품에 만족한다"라고 답했다. | 고객의 92%가 "상품에 만족한다"라고 답했다. |
| 국민 6천만 명 이상이 사용한다. | 국민의 두 명 중 한 명이 사용한다. |
| 비타민 C 1g 배합 | 비타민 C 1,000mg 배합 |
| 1만 개의 조명이 설치된 일루미네이션 | 10,000개의 조명이 설치된 일루미네이션 |
| 매일 이용 가능합니다. | 365일 이용 가능합니다. |

이렇게 숫자를 가공해도 큰 효과가 있어요.

- **큰 숫자를 강조한다.**
예시 : 120% 만족스러웠습니다!
큰 숫자는 눈길을 끈다.

- **소수점 이하의 숫자를 사용한다.**
예시 : 불과 0.5초 만에 신속하게 가동한다!
소수점 이하의 숫자를 사용하면 높은 정확도와 속도를 강조할 수 있다.

- **누적 수나 총합을 표시한다.**
예시 : 누적 발행 부수 100만 부 돌파
높은 누적 수를 보여 주면 신뢰도가 높아지고 매력적으로 보일 수 있다.

## POINT 19 | 마음을 사로잡는 기법 ⑦
## '얻게 될 것' 알려 주기

마케팅 용어 중 '이득benefit'이라는 말이 있다. '이득 = 고객이 얻게 될 상품이나 서비스의 이점'을 뜻한다. 사람은 상품이나 서비스의 세부 특징보다 얻게 될 효과와 효능을 더 알고 싶어 한다. 이런 경향은 상품을 구매하는 고객에게 나타난다. 이를 알아 두면 전달법이 달라질 것이다.

### '행복한 미래'를 전달한다

스마트폰이 우리에게 주는 이득은 무엇이 있을까? 스마트폰의 특징 중 하나로 뛰어난 카메라를 꼽을 수 있다. 이것도 분명 이득이 맞다. 하지만 "스마트폰에는 기능이 뛰어난 카메라가 있어요"라는 말은 단순한 사실이라고 생각할 뿐 '내가 얻게 될 이득'이라고 인식하지는 못한다.

이런 상황에서는 상대의 달라질 행복한 미래를 전달해야 한다. 상대가 '자신이 얻게 될 이득'을 인지하고 기쁨을 느끼는 것, 이것이 진정한 이득이다. 이를테면 "스마트폰의 카메라는 기능이 좋아 뛰어다니는 아이의 표정까지 흔들림 없이 잡아내기 때문에 추억을 선명하게 간직할 수 있습니다" 같은 식이다. 부모의 마음을 사로잡는 전달법이지 않은가?

## '이득'을 통해 상대가 얻게 될 것을 알린다

| | 이득이 없는 경우 | 이득이 있는 경우 |
|---|---|---|
| 불소수지로 코팅한 궁중팬 | 불소수지 코팅 ▶ | 잘 타지 않는다.<br>음식이 맛있어진다.<br>기름을 적게 사용한다. (= 가격 경쟁력이 좋다.) |
| 휴대용 마사지 기계 | 1분당 약 2,500회의 강력한 진동 ▶ | 앉아서 일하느라 뭉친 어깨나 목의 근육이 풀린다.<br>혈액 순환이 좋아져 면역력이 높아진다.<br>마사지 받으러 갈 시간과 비용이 절약된다. |
| 폴리에스터 소재 티셔츠 | 오가닉 코튼 100% ▶ | 땀을 흘려도 끈적이지 않는다.<br>보드라운 촉감(따갑지 않다.)<br>땀이 잘 흡수된다.<br>불쾌한 땀 냄새가 나지 않는다.<br>세탁해도 옷감이 손상되지 않는다. |
| 경량 러닝 슈즈 | 독자적으로 개발한 경량 소재 ▶ | 빠른 속도로 달릴 수 있다.<br>경기에서 기록을 경신할 수 있다.<br>출장이나 여행 갈 때 휴대하기 좋다. |
| 언어화 능력 강화 강연 | 언어화 능력이 높아진다. ▶ | 오해 없이 정보나 감정을 전달하여 소통이 원활해진다.<br>상대와 친해진다.<br>신뢰 관계를 쌓을 수 있다.<br>말로 마음을 사로잡을 수 있다. |

## POINT 20 | 마음을 사로잡는 기법 ⑧
## 기억에 남을 '키워드' 사용하기

언어화를 잘하는 사람은 상대가 "어, 그게 무슨 말이지?" 하고 호기심을 자극하는 키워드를 교묘하게 사용한다. 특히 발표에서는 듣고 있는 상대를 지루하게 만들지 않는 것이 중요하다. 발표의 신으로도 불리는 스티브 잡스가 아이폰을 최초로 공개했을 때 아래의 키워드를 사용해 흥미를 끌고 청중의 마음을 사로잡았다.

'혁신적인', '멀티 터치', '밀어서 잠금 해제', '아이팟 + 휴대전화 + 인터넷 통신 기기', '인생을 주머니에 넣고 다니는 듯한' 세상에 존재하지 않던 혁신적인 상품이 등장했다는 예감이 청중의 마음을 설레게 했다.

### 조합하거나 비유를 사용하면

기억에 남을 콘셉트나 키워드를 만드는 방법은 아래와 같다.

① 기존에 있는 것들을 조합해 새로운 콘셉트를 만든다.

　예) 필사 × 카페 = 필사 카페

② 비유나 예시를 사용해 이름을 짓는다.

　예) 독서 = 인생을 바꾸는 자기 계발 프로젝트

STEP 2에서 구체화 한 단어를 보면서 이 기법에 사용할 수 있는 단어나 대체할 수 있는 단어가 있는지 찾아보자.

# '키워드'로 관심을 끌다

> 아이디어를 만드는 방법

[곱셈으로 새로운 콘셉트 만들기]

- 청소 × 로봇 = 로봇 청소기
- 오디오 × 책 = 오디오북
- 초고층 아파트 × 문학 = 사회 계층 간의 갈등을 묘사한 문학
- 인형 × 치유 = 애착 인형
- 피트니스 × 영어 회화 = 피트니스 영어 회화

[비유나 예시로 이름 짓기]

- IT 부문의 천재 → IT 부문의 해리 포터
- 일잘러가 되는 강연 → 엘리트 양성소
- 정신적 질환이 많이 생기는 팀 → 유리 멘탈 제조 공장
- 행운을 가져다주는 사람 → 걸어 다니는 로또
- 정보에 밝은 사람 → 걸어 다니는 위키피디아

## POINT 21 | 마음을 사로잡는 기법 ⑨
## 중요한 내용은 '반복'하기

언어화의 목적은 상대에게 전달하는 것이다. 그런데 만약, 상대가 잊어버렸다고 하면 어떨까? 정말로 전달했다고 할 수 있을까? 나는 아니라고 생각한다. 상대의 마음에 스며들어 행동으로 옮기게 만드는 것이야말로 궁극적인 언어화다. 이를 가능하게 만드는 표현 기법을 소개한다. 바로 '중요한 것은 반복한다'이다.

### 20분이 지나면 42%나 잊게 된다

에빙하우스의 망각 곡선을 아는가? 독일의 심리학자 에빙하우스가 인간의 장기 기억을 연구하고 주장한 이론이다. 이 연구에서는 의미 없는 알파벳을 외우게 한 뒤 이중 얼마나 기억하는지 실험한 결과, 20분이 지나자 42%나 잊게 되었다는 결과가 나왔다. 중요한 것은 반복해야 한다고 강조하는 이유다.

---

**에빙하우스의 망각 곡선**

공부하고 20분 후 42% 망각
1시간 후 56% 망각
1일 후 74% 망각

> 발표를 한 경우, 발표가 끝나고 20분이 지난 후에는 발표 내용의 42%가 기억나지 않을 수도 있다.

## '반복'을 통해 기억에 남긴다

- 반복해서 말씀드리지만,
  올바른 수면이 당신의 인생을 바꿉니다.

- 재차 말씀드리면,
  올바른 수면으로 당신의 인생은 변화합니다.

- 만일을 위해 한 번 더 설명하면,
  당신의 인생은 올바른 수면으로 변합니다.

- 마지막으로 한 번 더 말씀드리겠습니다.
  올바른 수면만이 당신의 인생을 바꿉니다.

다른 표현을 써 가며 중요한 내용을 반복해서 전달해 보세요.

## POINT 22 | 마음을 사로잡는 기법 ⑩
## '긍정적'으로 전달하기

나를 부정하는 듯한 말을 들으면 누구든 불쾌해진다. 서로 기분이 좋아지는 언어화를 위해서는 '긍정적으로 전달하는 것'이 중요하다.

### '○○ 하지 마세요'는 틀렸다

예를 들면 "놀러 온 것처럼 일하지 마세요"라는 말을 들으면 누구나 기분이 상한다. 상대를 배려하며 언어화하는 것이 중요하다. 상대가 좋은 기분으로 행동하길 바란다면 "○○ 하지 마세요"라는 부정형보다 "○○ 하세요"라는 긍정형으로 전달해야 원하는 결과를 얻을 수 있다.

위의 예시로 보면, "작업 속도를 높여 주세요"라고 긍정적으로 전달하기만 해도 뉘앙스가 달라져 더 열심히 일하게 된다.

### 긍정적인 단어로 대체한다

위에서처럼 문맥을 '부정 → 긍정'으로 바꾸는 것이 아니라, 단어 자체를 부정적인 단어에서 긍정적인 단어로 대체하는 방법도 효과가 좋다. '융통성이 없다'를 '신념이 강하다'로, '무책임하다'를 '관대하다'로 바꾸는 식이다.

## '긍정'을 통해 기분 좋게 전달한다

### 긍정적이지 않은 전달법

선술집 A의 사장으로 있었을 때부터 **무뚝뚝한 것**으로 유명했다. 손님이 와도 **얼굴이 굳어 있었다.** 음식은 맛있는데 시종일관 **언짢아 보여 불쾌하다는 손님이 많은 모양**이다.

> '부정적'으로 상황을 바라보면 글이 날카로워진다.

### 긍정적인 전달법

선술집 A의 주인장으로 있었을 때부터 외골수 장인으로 유명했다. 손님이 와도 진지함을 잃지 않았다. 손님과 친하게 지내지 않았지만, 음식은 굉장히 맛있었다. 감탄이 절로 나올 정도였다.

> '긍정적'으로 상황을 바라보면 글도 감성이 풍부해진다.

### 외워두면 좋을 '부정 → 긍정'으로 대체할 수 있는 말

- 완고하다, 고지식하다 ↔ 신념이 있다
- 무책임하다, 거칠다 ↔ 너그럽다
- 뻔뻔하다, 낯짝이 두껍다 ↔ 겁이 없다
- 다혈질이다 ↔ 열정적이다
- 말수가 적다 ↔ 사려 깊다
- 소심하다 ↔ 섬세하다
- 자기 멋대로다 ↔ 자기 자신을 아낀다
- 수다스럽다 ↔ 명랑하다
- 쉽게 질린다 ↔ 결단이 빠르다
- 지쳤다 ↔ 열심히 했다
- 집착하다 ↔ 끈기 있다
- 계획성이 없다 ↔ 낙천적이다, 행동력이 있다
- 나이 들어 보인다 ↔ 분위기 있다
- 어설프다 ↔ 미워할 수 없는 존재
- 냉정하다 ↔ 쿨하다
- 둔하다 ↔ 타격이 없다
- 지루하다 ↔ 무사태평하다
- 한가한 사람 ↔ 자유로운 사람
- 낡았다 ↔ 세월의 깊이가 있다
- 바쁘다 ↔ 충실하다
- 침착하지 않다 ↔ 호기심이 많다
- 꾸지람을 들었다 ↔ 배웠다
- 긴장감이 없다 ↔ 여유가 있다

즐거운 언어화 훈련 ❸

# '전달력'을 높이는 게임

여기서는 직장인의 '전달하는 능력'을 높이는 최적의 게임을 준비했다.
상대의 마음에 와닿는 말이 무엇일지 생각해 보는 연습을 통해
매력적인 키워드와 슬로건을 만들 수 있게 된다.
게임 이름 옆에 보이는 게임 이름 옆의 챗GPT 표시는
챗GPT를 활용한 게임을 말한다.
자세한 내용은 216쪽의 〈챗GPT를 활용한 '전달법' 훈련〉을
참고하자. 챗GPT가 이해하기 쉬운
프롬프트를 작성하는
연습 자체로도 '전달하는 능력'이 강화된다.

## ❶ 적절하게 말하기 게임  챗GPT

상대에 맞춰 가장 적절한 말을 고르는 게임이다. 아래와 같은 상황에서는 어떤 말을 해야 좋을까?

---

[예제]
'소형 인덕션'을 아래의 사람에게 추천하세요.
자취하는 사람, 가정주부, 노년층

[예시 답안]
[자취하는 사람] 휴대성이 좋아 장소 불문하고 혼자서도 먹을 수 있다.

[가정주부] 물만 있어도 청소하기 간편하다.

[노년층] 불을 사용하지 않아 화재의 위험성이 없다.

> [제시어]
> **이 책 《챗GPT 문장력 수업》을
> 아래의 사람에게 추천하시오.**
>
> - 학생
> - 직장생활 1년 차
> - 영업직원
> - 팀장이나 관리직
> - 어린 자녀를 둔 엄마
> - 노년층
>
> 예시 답안은 다음 쪽에!

## [예시 답안]

**[학생]**
취업 면접을 준비하거나 이력서를 쓸 때 활용할 수 있다.

**[직장 생활 1년 차]**
보고 – 연락 – 상담이 능숙해지고 회의에서도 적극적으로 발언할 수 있게 된다.

**[영업직원]**
고객에게 설명 및 발표하는 기술이 향상된다.

**[팀장이나 관리직]**
팀원과의 소통 능력이 좋아진다.

**[어린 자녀를 둔 엄마]**
엄마의 언어화 능력이 높아지면 자녀의 어휘력도 높아진다.

**[노년층]**
치매를 예방한다.

직장인의 언어화에서는
상대의 마음에 와닿는 말을 고르는 것이 중요해요.

❷ 별명 붙이기 게임 　챗GPT

'행운을 가져다주는 사람'을 '걸어 다니는 로또'라고 표현하듯이(218쪽 참고) 다양한 사물과 상황에 인상적인 '별명'을 붙여 보자. '헬스장'이면 '건강 증진 공장' 같은 식이다.

생각해 보세요!
어떤 이름을 붙이면
잘 전달될까요?

[예제]

챗GPT

[예시 답안]

"아니오"라고 말하지 않는 최고의 조수
스마트폰 안에 있는 제2의 뇌

**Column** AI 시대의 언어화 ④

# 챗GPT를 활용한 '전달법' 훈련

**논리적인 글의 모범 답안**

챗GPT에 글을 써 달라고 요청하면 상당히 논리적인 글이 나온다. 예를 들어, 몇 가지 키워드를 주면서 '이 키워드를 사용해 ○○에 관한 글을 써 줘'라고 프롬프트를 입력하면 모범 답안으로 참고할 만한 글이 나온다. 또 구성이 뒤죽박죽이고 지루한 글을 입력한 다음에 '이 글의 구성을 이해하기 쉬운 전개로 바꿔 줘'라고 프롬프트를 입력하면 글의 구성이 한결 좋아진다.

즉 챗GPT는 백지에서 글을 창조하는 작가도 될 수 있고, 글을 첨삭하는 빨간 펜을 든 선생님도 될 수 있다는 이야기다. 모범 답안 글을 보고 자신의 '전달법'에 반영하면 언어화 능력은 점점 높아질 것이다. 다만 글의 종류에 따라 글쓴이의 의견이나 감정이 들어가야 할 때도 있다. 유감스럽게도 챗GPT에는 글쓴이의 개인적인 정보(감정, 생각, 진짜 의도 등)를 알 수 있는 능력은 없다. 챗GPT가 출력한 글에 글쓴이의 개인적인 정보가 얼마나 융화될지가 앞으로의 글쓰기에 중요한 열쇠가 될 것이다.

> 챗GPT를 활용해 '전달법'을 높이는
> 게임을 해 보자!
>
> 각 프롬프트 예시를 35쪽의 빈 칸 A에 입력해 보자.

## ● 적절하게 말하기 게임 (213쪽 참조)

[예제] 《챗GPT 문장력 수업》을 여섯 유형의 사람에게 추천한다.

### [프롬프트 예시]

> 아래 여섯 유형의 사람을 대상으로 언어화 능력을 키우는 책
> 《챗GPT 문장력 수업》의 구매 욕구를 높일 수 있게 말해 줘.
> #학생 #직장 생활 1년 차 #영업 직원 #팀장이나 관리직 #어린 자녀를 둔 엄마 #노년층

### [챗GPT와의 대화 예시]

> 챗GPT    네, 각 유형에 맞춘 말을 생각해 볼게요.
>
> 1. 학생
>    - 《챗GPT 문장력 수업》을 구매하면 보고서나 발표의 표현력이 비약적으로 풍성해집니다. 시험 준비나 취업 준비를 할 때, 자신의 생각을 정확하게 전달할 수 있습니다. 이 책 한 권으로 대학 생활을 편하게 보내세요!
>
> 2. 직장 생활 1년 차
>    - 회사에 갓 입사해 자신의 의견을 전달해야 하는 상황에서 말문이 막힌 적 없나요? 《챗GPT 문장력 수업》은 비즈니스 상황에 유용한 소통 기술을 훈련하는 필수 안내서입니다. 앞으로의 경력에 도움 되는 실천서입니다.
>
> 3. 영업 직원
>    - 고객과 신뢰의 관계를 쌓을 때 언어 능력은 꼭 필요합니다. 《챗GPT 문장력 수업》은 당신의 제안을 더 매력적이고 설득력 있게 전달하기 위한 도구입니다. 다음에 있을 거래처 미팅에서 한 획을 그을 이 책을 꼭 구매하세요!

4. 팀장이나 관리직
- 부하직원이나 팀원과의 소통은 관리의 핵심입니다. 《챗GPT 문장력 수업》을 읽으면 지시, 피드백, 비전 공유가 더 원활해집니다. 리더의 영향력을 키우고 팀의 성과를 최대치로 올려 보세요!

● 별명 붙이기 게임 (215쪽 참조)

[제시어] 챗GPT

[프롬프트 예시]

단어에 별명을 붙여 보자. 예를 들면 헬스장은 '건강 증진 공장'이다. 그렇다면 '챗GPT'에는 어떤 별명을 붙일 수 있을까? 10개를 생각해 보자.

[챗GPT의 예시 답안]

챗GPT  네. 재미있는 접근법이네요! '챗GPT'에 별명을 붙여 볼게요.

1. 채팅 지식의 요술쟁이
2. 대화 매니저
3. 텍스트 대화의 조수
4. 응답하는 마법사
5. 언어의 현자
6. 문자열 상담 친구
7. 디지털 대화의 전문가
8. 텍스트의 서비스 담당자
9. 채팅 대화의 도사
10. 글의 요술사

이 별명들은 챗GPT의 대화 능력과 텍스트 생성의 특징을 표현하고 있어요. 만족하셨나요?

---

* 역자주: 아래는 한글 버전 챗GPT에 별명 열 가지를 물었을 때 나온 대답입니다.
1. 챗봇 친구 / 2. AI 비서 / 3. 지피티 / 4. 챗도령 / 5. 똑똑이 / 6. GPT냥이 / 7. 챗박사
8. AI 도우미 / 9. 지니(Geni, Genius +GPT) / 10. 토크봇

> [번외편]
> **단호하면서 부드럽게 전달하는
> 연습도 해 보자.**

  단호하면서도 부드러운 전달이란 상대의 기분이 상하지 않게 배려한다는 의미까지 내포하다 보니 "AI가 그런 것도 할 수 있어?"라는 의문이 들 수도 있다. 그런데 가능하다. 시험 삼아 챗GPT에 단호하고 부드럽지 않은 글을 단호하면서 부드러운 글로 수정해 달라고 해 보자. 다음은 실수가 많은 직원을 매니저가 교육하는 상황이다.

[예제] **단호하면서 부드러운 글로 수정한다.**

[프롬프트 예시]

> 다음의 글을 단호하면서도 뾰족하지 않게 부드러운 표현으로 바꿔 줘.
> '실수가 너무 많아요. 이번 한 달 만 해도 세 번째예요. 첫 번째는 납기를 잊은 데다 거래처에서 연락이 올 때까지 모르고 있었죠. 두 번째는 발주처를 착각했고요. 세 번째는 영업 거래처 직원의 이름을 잘못 불렀어요. 왜 그래요? 피곤해요? 제대로 할 마음은 있어요? 제가 해결해 줄 수 있는 게 있으면 말해요. 최대한 도와줄 테니까. 같은 팀이니까 같이 힘내요.'

챗GPT의 답변은? ➡

[챗GPT의 예시 답안]

챗GPT  요새 실수를 많이 하던데 그 이야기를 해 볼까요. 이번 한 달 만 해도 세 번의 실수가 있었어요. 첫 번째는 납기를 잊은 데다 거래처에서 연락이 올 때까지 모르고 있었죠. 두 번째는 발주처를 착각했고요. 세 번째는 영업 거래처 직원의 이름을 잘못 불렀어요. 혹시 요즘 피곤해요? 제대로 할 마음은 있어요? 제가 도울 수 있으니까 필요한 게 있으면 말해요. 같은 팀이니까 같이 힘내요.

SA  조금 더 다정한 말투로 부드럽게 바꿔 줄래?

챗GPT  노력하는 자세는 중요해요. 실수했다고 해서 모든 것을 부정할 수는 없어요. 다만 요즘에 몇 가지 실수가 보였어요. 예를 들면, 첫 번째는 납기를 잊은 데다 사후 대응까지 늦었어요. 두 번째는 발주처를 착각한 적도 있네요. 세 번째는 영업 거래처 직원의 이름을 잘못 부른 일이에요. 잘해 보려는 거 알아요. 함께 잘 헤쳐 나갔으면 해요. 혹시 도움이 필요하면 알려 줘요. 우리 팀은 하나로 똘똘 뭉쳐서 함께 성장할 거니까 앞으로도 다 같이 힘내요.

 처음 쓴 글에 대해 '더 다정하게', '정중하게' 등의 지시를 추가하면 글이 수정되어 나와요.

# CHAPTER 4

### STEP 4

# 언어화로
# 자기 실현을 하다

— 인생은 언어로 이루어진다 —

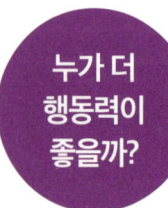

## 언어화가 부족한 사람

# 언어화가 뛰어난 사람

CHAPTER 4　STEP 4 언어화로 자기 실현을 하다

## POINT 01 | 언어화를 잘하면 일상도, 미래도 달라진다

이번 장에서는 언어화 능력을 활용함으로써 당신과 당신의 인생을 둘러싼 환경이 어떻게 변화하는지 설명한다.

"그렇게 유난 떨 일인가?"라며 미심쩍어할 수도 있지만 결코 허황된 이야기가 아니다. 나는 지금까지 문장 강좌를 듣는 수강생들이 언어화 능력을 키워 꿈을 이루는 모습을 수도 없이 보았다.

어떤 사람은 꿈꾸던 곳에서 일하고 있다. 어떤 사람은 맨날 상사에게 지적받다가 지금은 성장이 기대되는 인재가 되었다. 또 어떤 사람은 책을 낸다는 꿈을 이루었다. 정말로 이런 결과를 낸 사람들이 많다.

### 언어화는 자기 자신을 아는 것이다

왜 이렇게 인생이 좋은 쪽으로 변할까? 그 이유는 자신도 몰랐던 진짜 감정이나 머릿속에 있는 정보를 '언어'로 꺼내어 가시화했기 때문이다. 언어화를 잘하면 그동안 보이지 않았던 어렴풋한 것을 인식할 수 있게 된다. 그때야 비로소 사람은 그것을 정보로써 받아들인다. 즉 언어화란 자기 자신에게 정확한 정보를 전달하는 과정이기도 하다.

"왠지 괴로워."

"조금 다른 방법이 있을 것 같은데."

이처럼 마음이나 머릿속의 모호한 것을 그대로 두어 봤자 상황은 하나도 변하지 않는다. '괴로운' 감정을 구체화하면, 그 원인이 붐비는 출퇴근 지하철에 있다는 것을 깨달을 수도 있다. 그러면 혼잡하지 않은 시간대에 출퇴근하거나 자전거를 이용하는 등 대책을 마련할 수 있다. 또 '조금 다른 방법'을 구체화하다 보면 생산성을 더 높이는 윈윈 전략을 찾을 수도 있다.

### 인생은 당신의 언어로 이루어져 있다

말뿐일 수도 있다. 그래도 말은 중요하다. 인간은 언어로 소통한다. 바꿔 말하면 매일, 매 순간, 모든 상황에서 '언어화 능력'이 요구된다. 사람들은 그런 당신을 소통 능력으로 판단한다. 당신의 몸이 당신이 먹은 음식으로 이루어져 있듯이, 당신의 인생 역시 당신이 발화하는 말로 이루어져 있다. 머릿속으로 생각하는 말을 포함해 당신의 말이 바뀌면 당신을 둘러싼 환경도, 인생도 점점 바뀌기 시작한다. 자, 이제 인생을 변화시킬 사람은 바로 당신이다. 이제부터 당신에게 일어날 변화를 하나씩 보자.

## POINT 02 | 감정을 조절하면 스트레스가 줄어든다

인생에는 스트레스가 따라다니는 법이다. 하고 싶지 않은 업무도 해야 하고, 결이 맞지 않는 사람하고도 지내야 한다. '싫은 감정'이 생기는 것은 사람이라면 어쩔 수 없는 일이다. 이런 스트레스를 없애는 데 도움을 주는 것이 언어화 능력이다. 스트레스의 원인인 '막연한 감정'을 언어로 적확하게 인식하면 스트레스가 크게 줄어들기 때문이다.

### 막연한 '감정'의 정체는?

'분노'라는 말을 예시로 보자. 이 단어를 보면 어떤 이미지가 떠오르는가?

감정의 대부분은 추상적이다. "저는 지금 화가 납니다"라는 메시지를 받으면 도깨비처럼 씩씩거리고 있는 모습을 상상할지도 모른다. 하지만 메일을 보낸 사람은 사실 주저앉아 울고 있을 수도 있다. 의사소통이 성립하려면 상대의 본심을 더 구체적으로 파악해야 한다. 이는 타인과의 소통에만 국한되지 않으며 자신의 내면과 마주할 때도 똑같다. 즉 막연한 '감정'을 최대한 세세하게 분해하여 그 정체를 밝혀내야 한다.

### 감정을 그라데이션으로 느낀다

감정을 구체화하는 방법으로 '감정을 점층적으로 느끼기'를 권하고 있다. 이를 위해 필요한 것은 어휘력이다. 예를 들면 '분노'의 감정이 생겼다. 그리고 극단적이지만 그 사람이 아는 말은 '화가 난다 = 죽여 버리겠다'뿐이라고 해 보자. 그러면 사실은 조금 짜증 났을 뿐인데 '분노'한 순간에는 '죽여 버리겠다!'라고 생각할지도 모른다.

한때 '화내는 아이들'이 사회 문제로 대두된 적이 있다. 그 원인으로 '언어화 능력 부족'을 지적하는 목소리도 있었다.

어른도 예외는 아니다. '힘든' 감정에 '어색하다 → 신경 쓰인다 → 불안·걱정 → 불쾌 → 괴롭다 → 고통 → 절망적인 괴로움 → 우울 → 살기 힘들다'와 같이 점층적으로 감정을 파악할 수 있는 사람은 자신의 감정을 관리할 줄 아는 사람이다. 이들은 늘 감정의 현재 상태를 알고 적절하게 대응한다.

| 어색하다 | 답답하다 | 짜증이 난다 | 울분이 쌓인다 | 화가 난다 | 분노하다 | 용서할 수 없다! | 원망스럽다 | 두들겨 패고 싶다! | 죽여 버리겠다! |
|---|---|---|---|---|---|---|---|---|---|

| 낮음 | '분노' 그라데이션 | 높음 |
|---|---|---|

'분노 = 죽여 버리겠다'라는 말밖에 없으면 정말로 살인이 일어날지도 모른다.

감정이 순간적으로 끓어오르면 이 감정이 어디서 출발했는지 찾고, 그 크기와 상황을 파악하는 노력을 하자. 이것은 그 감정의 크기가 어느 정도인지 점층적 농도로 확인하는 작업이다. 이를 통해 "분명 분노의 감정이었는데 실은 조금 짜증 난 것이었네" 하고 차분하게 바라볼 수 있다.

### 정체를 알면 스트레스가 감소한다

인간은 정체를 알 수 없는 것에 공포나 스트레스를 느낀다. 자신의 감정도 마찬가지다. 설명하기 힘든 감정을 차분하게 언어화할 수 있게 되면 이것만으로도 마음이 진정된다. 실제로 화가 났을 때 '나는 지금 화가 났어'라고 알아차리기만 해도 분노의 절반이 감소한다. 감정을 언어로 인식하는 것은 즉 '자기 자신을 객관적으로 바라보는' 것이다. 객관적으로 볼 수 있으면 그 감정에 압도되거나 끌려다니는 일도 없어진다.

게다가 감정을 적절하게 파악할 수 있다는 것은 목표나 꿈에 한 발짝 가까워지는 급행 열차 티켓을 손에 넣은 것과 같다. 왜냐하면 어떤 도전을 할 때 걸림돌이 되는 공포나 불안 같은 부정적인 감정을 그때마다 빠르게 치유할 수 있기 때문이다. 마음속에서 소용돌이치는 '슬픔'이나 '괴로움'을 방치할 것인가, 언어를 사용해 그 정체를 파악할 것인가. 이 차이가 앞으로의 당신의 인생을 결정한다.

## 감정의 정체를 알면 스트레스가 감소한다

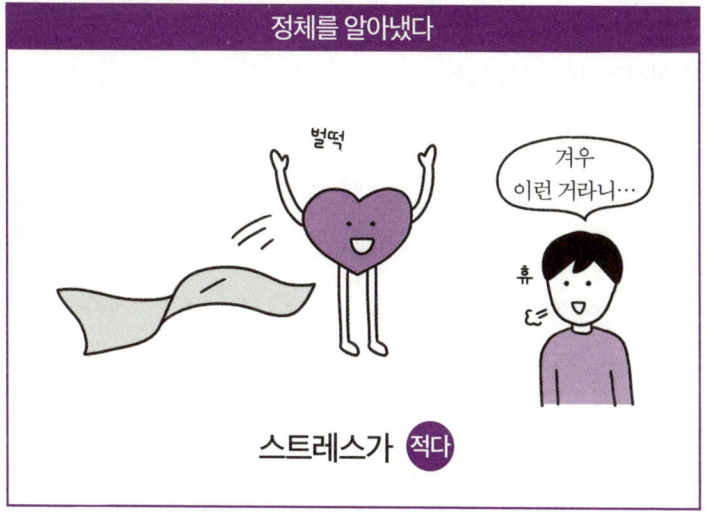

## POINT 03 | 심리적 장벽이 허물어지고 자신감이 생긴다

언어화가 서툰 사람 중에는 말하는 것에 심리적 장벽이 있는 사람도 있다. 하고 싶은 말이 있는데 "이걸 말하기는 부끄러워", "이걸 말하면 날 싫어하지 않을까"라며 목구멍까지 올라오는 말을 삼켜버린다. 그래서 주변에서는 '자기 의견이 없는 사람', '가식적으로 웃는 사람'으로 보게 된다. 하지만 안심하길 바란다. 이 심리적 장벽을 허무는 효과 좋은 해결책이 있다.

### 언어화에 걸림돌이 되는 심리적 장벽이란?

문장 강좌를 듣는 수강생들 가운데 A라는 사람이 있었다. A는 IT 벤처기업에 다닌 지 5년 된 직장인으로 '언어화와 글쓰기를 모두 어려워하는 사람'이었다.

특히 회의를 힘들어했다. 상사가 무조건 팀원들에게 의견을 물었었는데 A는 이 시간이 죽도로 싫었다고 한다. "A 씨 생각은 어때요?" 이 말을 듣는 순간, 등줄기에서 찌릿하고 전기가 흘렀다. 팀원들의 시선이 쏠리면 이마와 손에서는 식은땀도 났다고 한다.

이야기를 듣던 나는 상사가 무서운 사람인가 싶었는데, 오히려 다정하고 의지할 수 있는 사람이었다. 계속해서 듣다가 나는 직감했다. A는 언어화가 서툰 것이 아니라 말하는 것에 두려움이 있는 것이 아닐까? 하고 말이다.

왜냐하면 A는 '자신이 겪은 일을 굉장히 잘 설명했기' 때문이다. 도저히 언어화가 서툰 사람 같지 않았다. 하지만 의견이나 감상을 물을 때는 한참을 머뭇거렸다. 어떤 말을 해도 "아, 혹시 ○○ 같은 느낌이지 않을까요", "글쎄요, ○○라고 할 수는 없다고 생각해요" 같이 끝을 뭉뚱그렸다. 왜 그런 말투인지 본인도 모르는 듯했다.

**심리적 장벽이 생긴 원인의 대부분은 '착각'에서 시작되었다**

나는 상담을 통해 A가 가진 심리적 장벽의 원인이 그의 '착각'에 있다고 확신했다. A는 중학생 때 어머니로부터 이런 말을 들었다고 한다. "네가 무슨 말을 하는지 모르겠다. 사람들 앞에 괜히 나서지 말아라." A는 큰 충격을 받았다.

"다른 사람에게도 그런 비슷한 말을 들어본 적 있나요?"라고 묻자 없다고 했다. 그러면 어머니가 그런 말을 자주 했는지 물어보니 그것도 아니라고 했다. 즉 A는 딱 한 번 들은 어머니의 말을 심각하게 받아들여 스스로에게 '말을 잘 못하는 사람'이라고 낙인을 찍은 것이었다.

나는 A에게 어머니와 이 일을 다시 이야기해 보라고 권했다. 그랬더니 A의 어머니는 "내가 그런 말을 했었니?"라며 눈이 휘둥그레졌다고 했다.

A 같은 사람은 세상에 많다. 어린 시절에 부모나 주변 어른들에게 말이나 글에서 지적을 받고 심리적 장벽이 생긴 사람들 말이다. 어른이 되고 나서도 이 장벽은 그대로 남아 있기에, 말이나 글로 무엇인가를 전달하려고 할 때 "비난받으면 어떻게 하지?"라며 불안해한다.

다른 수강생의 예시도 보자. 그는 블로그에 글을 30개나 썼는데도 불구하고, 모든 글을 끝까지 완성하지도 않고 공개 여부를 망설이고 있었다(모두 잘 쓴 글이었다). 원인은 A와 거의 비슷하다. '사람들이 읽고 비웃을 거야'라고 착각했기 때문이다.

### '일기'를 자유롭게 썼을 때의 효과

그래서 나는 A에게 일기를 쓰라고 권유했다. 일기는 다른 사람에게 보여 주는 글이 아니다. 과거의 일, 오늘 일어난 일, 그때 느낀 감정 등을 자유롭게 쓰기만 하면 된다.

일기를 쓸 때는 되도록 부정적인 말은 긍정적인 말로 바꾸라고도 조언했다. 어머니에게 들은 말도 '어머니는 별 뜻 없이 말한 거야. 나는 말하는 것도, 글 쓰는 것도 잘해'라는 식으로 말이다.

일기를 쓰기 시작한 후로 A는 달라지기 시작했다. 제일 큰 변화는 생각이나 감정을 언어화할 때 갈등이 줄어들었다는 점이다. "이런 말을 해도 괜찮을까?" 하는 고민이 굉장히 줄어들었다.

## 잠들기 전 '5분 일기'로 장벽을 허문다

일기를 쓰는 시간은 잠들기 전 5분이면 충분하다. 아래의 네 가지 사항을 명심해 두자.

① 일기의 첫 문장에 꼭 '완벽하지 않은 나로도 완벽하다'라고 쓴다.
② 즐거웠던 일이나 감사하는 일 중심으로 쓴다.
③ 부정적인 사건도 써 보자. 우선은 그 감정을 온전히 느낀다. 그리고 기분이 나아지면 '부정적인 감정아, 고마워'라며 감사의 마음을 담아 그 말에 x 표시를 한다.
④ 일기의 맨 마지막에 꼭 '나는 나의 말로 다른 사람을 도울 수 있다'라고 쓴다.

일기 쓰기를 습관화하는 동안 부정적인 생각은 긍정적인 생각으로 바뀌고, 불안과 인생의 고통이 점점 사라진다. 그 결과 언어화에 자신감이 생기고 스스로를 사랑하게 된다.

## POINT 04 | 인간관계가 좋아지고 팀의 생산성이 극대화된다

인간관계가 꼬이는 원인 중 하나는 소통 부족이다. 인사했는데 반응이 없으면 '저 사람은 나를 싫어하나 보다'라고 생각해 그 사람을 피하게 된다. 그러면 상대방도 당신이 자신을 싫어한다고 생각해 악순환에 빠지고 인간관계는 점점 나빠진다. 실은 인사를 못 들은 걸 수도 있는데 서로 멋대로 생각하다 관계를 복잡하게 만드는 것이다.

이러한 비극을 막기 위해서는 역시 '언어학'가 필요하다. 사람의 생각은 어느 누구에게도 보이지 않는다. 그래서 언어나 문자로 전달할 수밖에 없다. 반대로 말하면, 이것만 가능해져도 인간관계는 훨씬 좋아진다. 적어도 오해하는 일은 없을 것이다. '언어화'가 가져다주는 '인간관계가 좋아지는' 기적에 대해 더 살펴보자.

### '추상적'인 말은 갈등이 일어나기 쉽다

"그 자료 복사해 주세요"라는 말을 들었다고 해 보자. '어떤 자료를 말하는 거지?' 당신은 헷갈렸지만 그러고 보니 내일은 회의가 있는 날이다. 그래서 '저거일 거야'라고 생각하면서 자료를 복사하고 건넸다. 그러자 돌아온 말은 "이거 말고요, 내일 A 회사에 들고 갈 자료요"였다.

이때 두 사람의 기분이 이러했을 것이다.

"나 참, 센스가 없는 사람이네."
"뭐야, 똑바로 알려 줘야지."

이런 식의 예시는 수도 없이 많다.

"그 안건 어떻게 됐어?" → (어떤 안건이지?)
"빨리 해 달라고 말했잖아. 언제까지 기다려." → ('빨리'가 오늘까지였어?)

### '질문'으로 갈등을 막다

과연 누구의 잘못일까? 당연히 모호한 지시를 내린 상대의 책임이 크다(언어화 능력이 낮은 상태). 그러나 상대를 바꾸는 일은 그리 쉽지 않다. 당신의 힘으로 이 '갈등'을 막을 수밖에 없다.

갈등을 막기 위해서는 머릿속에 물음표가 떠올랐을 때 지체 없이 질문해야 한다. "그 자료라는 게 어떤 자료죠?", "언제까지 몇 부 복사하면 될까요?"처럼 말이다. 이렇게 질문하면 상대는 구체적으로 알려 줄 것이다. 질문하는 능력 또한 언어화의 일부다.

**질문을 쑥스러워해서는 안 된다**

질문하기를 쑥스러워하고 한심하게 여기는 사람도 있는데, 결코 그렇지 않다. '질문할 수 있다'라는 것은 무엇을 모르는지 스스로 알아차리는 능력이 있다는 뜻이다. 또 모호함을 없애 실수나 갈등을 사전에 막을 수 있다. 질문하는 자신의 태도에 당당해지자.

어떤 사람의 말을 듣고 머릿속에 물음표가 떠오르는 이유는 당신이 이미 '구체화'가 습관화되었다는 증거이기도 하다. 그러면 상대의 말 속에서 부족하거나 이상한 정보를 파악할 수 있게 된다. 언어화가 낮은 사람은 할 수 없는 일이다. '상대의 말을 이해하다 → 궁금한 것을 질문하다'의 과정을 통해 대부분의 오해나 갈등을 막을 수 있다.

언어화가 서툰 사람은 당신 하나가 아니다. 당신 주변에 있는 사람도 실은 언어화가 능숙하지 않다. 그러니 이 책에서 언어화를 배운 당신이 부디 그들의 언어화에 힘을 보태 줬으면 한다. 자기 자신뿐 아니라 주변 사람들의 언어화 능력이 높아지면 그 팀의 생산성은 극대화된다. 서로를 더 깊이 이해하면 그 관계에는 오해나 충돌이 없다. 그들을 도우면 그 끝에는 언어화의 '낙원'이 기다리고 있을 것이다.

## POINT 05 | 문제 해결 능력이 높아지고 '필요한 사람'이 된다

언어화 능력이 높아지면 당신은 직장 생활에서 활약하게 될 것이다. AI의 발전으로 전문적인 영역의 일자리도 빼앗길지 모르는 미래. 이런 미래에서도 활약하는 인재로 성장하려면 오직 인간만이 할 수 있는 능력을 키워야 한다. 그렇다면 인간밖에 할 수 없는 능력은 무엇일까? 바로 '문제 해결 능력'이다.

### '문제 해결 능력'은 모든 직장인이 키워야 한다

'문제 해결 능력'이라고 하면, 컨설팅 업계의 종사자만 사용하는 능력이라고 생각할 수도 있다. 하지만 그렇지 않다. '문제 해결 능력'을 더 간단하게 말하면 '문제 원인을 찾고 이를 해결하기 위한 계획을 세우는 능력'을 말한다. 누구나 가지고 있는 능력이다. 하지만 문제를 해결하려면 원인을 '구체화'하는 과정이 반드시 있어야 한다.

예를 들어 사무실의 분쇄기 쓰레기통을 잘 비우지 않는 문제가 있다고 해 보자. 이 경우에도 우선 원인을 '구체화'한 뒤 구체적인 해결책을 생각해야 한다. 애당초 원인을 구체화하지 못하면, 근거가 부족해 해결책을 마련하기 어려워진다.

| 원인의 구체화 | 해결책의 구체화 |
|---|---|
| 1 쓰레기통이 넘쳐서 종이를 찢는 사람이 있다. | 1 '쓰레기통이 80% 차면 비운다'라는 규칙을 정한다. |
| 2 쓰레기통에 종이가 얼마나 쌓였는지 한눈에 보이지 않는다. | 2 쓰레기가 80% 차는 곳에 선을 그어 한눈에 알아보기 쉽게 만든다. |
| 3 쓰레기통이 꽉 찼을 때 비울 사람을 정하지 않았다. | 3 쓰레기가 80% 이상 차면 총무부에 연락해 총무부 직원이 쓰레기통을 비운다. |

이런 식으로 문제의 원인을 특정하고 문제 해결에 대한 구체적인 계획을 세울 수 있는 사람은 어떤 분야에서든 필요한 인재가 되어 활약할 것이다.

비즈니스 상황뿐 아니라 일상생활에서도 불편함이나 위화감이 느껴지는 일은 의외로 많다. 이를 알아차렸을 때 해결책을 모색할 수 있다면 생활은 편해지고 직장에서는 큰 기회를 잡을 기회도 생긴다. 결국 문제 해결 능력을 강화하려면 '구체화' 과정이 반드시 필요하다.

## POINT 06 | 기획력이 높아지면 자신을 '브랜딩'할 수 있다

STEP 3의 '전달법'에서 두 단어를 곱해 매력적인 키워드나 콘셉트를 만드는 방법을 설명했다. 이러한 '기획력'은 자기 자신을 브랜딩할 때도 응용할 수 있다.

### 기획력으로 나를 브랜딩하다

일본의 정신과 의사 가바시와 시온을 알고 있는가? SNS, 메일 뉴스레터, 유튜브 등에서 100만 명 넘는 사람들에게 정신의학, 심리학, 뇌과학의 정보를 알기 쉽게 설명하는 '언어화'의 달인이다. 예전에 가바시와 선생님으로부터 상당히 흥미로운 이야기를 들은 적이 있다. 선생님의 이름이 세상에 처음 알려지게 된 계기는 영화 비평을 쓴 뉴스레터다. 당시 블로그 같은 곳에 영화 비평을 올리는 사람은 넘쳤다. 그 많은 사람 가운데 가바시와 선생님이 특히 주목받게 된 이유는 무엇일까? 바로 '정신과 의사 × 영화평론가'를 융합한 유일한 존재가 되었기 때문이다.

실제로 선생님의 영화 비평은 설득력이 뛰어나다. STEP 2에서 '구체화에 유용한 사고의 기준'을 소개했는데 선생님도 이 '기준'을 자주 사용한다. 선생님의 '기준' 중 가장 뛰어난 기준은 '부성·모성'이다.

'이 주인공은 부성(= 강함)이 부족한 사람'과 같이 관찰함으로써 영화 등장인물들이 왜 그렇게 말하고 행동했는지 분명하게 드러나기 시작한다. 선생의 말을 빌리자면, 불후의 명작《스타워즈》는 '아빠 찾기'와 '아빠 죽이기'에 관한 이야기다.

'기준'을 사용한 구체화이든, 두 단어를 곱한 기획력이든, 가바시와 선생님의 언어화 능력은 강한 인상을 남긴다. '고민 해결 × 언어화'의 곱셈으로 기획된 선생님의 저서《말로 표현하면 모든 슬픔이 사라질 거야》도 한번 읽어보길 바란다.

### '곱셈'으로 희소성을 높인다

돌이켜 보면 나도 이 곱셈을 사용했다. 출판사를 나와 블로그를 시작한 지 몇 년 지났을 때다. 방문자 수가 점점 늘어나면서 구독자로부터 '글 쓰는 방법을 알려 주세요'라는 메시지가 오기 시작했다. 그때까지 내게 글이란 '쓰는 것'일 뿐 '알려 주다'라는 생각은 단 한 번도 하지 않았다. 이 메시지를 읽고 처음으로 사람들이 원하는 것을 알게 되었다. 이들의 기대에 부응하기 위해 문장 강좌를 열었는데 감사하게도 호평이 쏟아졌다. 즉 '글 × 알려 주다' 곱셈으로 희소성이 높아져 성공의 열쇠가 되었다.

## 1위와 2위의 강점을 곱하면 최강이 된다

당신은 어떤가? 어느 한 분야에서 성공하는 것은 매우 어려운 일이다. 그러나 두 단어를 곱한 '○○×○○'이 있다면 당신은 순식간에 유일무이한 존재가 될 수 있다. 우선 당신의 강점이나 특징을 '구체화'하고 그중 가장 뛰어난 강점 두 가지를 곱해 보자.

예를 들어 프리랜서 작가 A는 일감이 적어 힘들어한다고 해 보자. A는 남달리 영화를 좋아하는 점을 살려 '영화 평론가'로 활동하기 시작했다. 그런데 세상에는 영화 평론가로 활동하는 사람이 하도 많아 웬만해서는 주목받기가 쉽지 않다. 여기서 자신의 또 다른 특징인 '디즈니 덕후'라는 요소를 곱했다.

이로써 '영화 평론가 × 디즈니 덕후'라는 '디즈니 영화 전문 평론가'가 탄생했다. 이 둘을 곱한 순간 고유한 영역이 구축되었다.

디즈니 영화는 전 세계에서 인기가 많아 주기적으로 최신작이 개봉된다. 영화 매체 담당자는 이왕이면 이 분야를 잘 아는 사람에게 기사를 맡기고 싶을 것이다. 만약 A가 어떤 곱셈도 하지 않고 프리랜서 작가로만 활동했다면 인생은 변하지 않았을 것이다.

혹시 당신도 단 하나만 고집하고 있진 않은가? 아직 알지 못하는 자신의 특징이나 강점에 집중해 다양한 곱셈을 해 보자.

## POINT 07 삶의 방식에 중심이 생긴다

A의 이야기에 '그래, 그렇지' 하다가, 정반대의 의견을 가진 B의 이야기에 '이 말도 일리가 있어'라는 생각이 든다. 이렇게 감정이 흔들리고 갈피를 못 잡았던 경험이 있지 않은가? 이런 모습도 언어화가 서툰 사람의 특징 중 하나다. 왜 감정이 흔들릴까? 바로 삶에 중심이 없기 때문이다.

### 중심이 있으면 언어화가 쉬워진다

예를 들면 '병을 고친다는 생각보다 병을 예방한다는 생각이 더 중요하다'라는 가치관을 가진 사람이 있다고 해 보자. 이 사람은 세상의 온갖 것을 이 가치관을 기준으로 언어화할 수 있다.

"편의점에서 파는 가공식품을 어떻게 생각해요?"라는 질문을 받았을 때 이 사람은 이렇게 대답할 수가 있다. "가공식품 중에는 보존료, 감칠맛, 착색료, 향료 등 식품 첨가물이 많이 들어간 것도 있어요. 자주 먹으면 건강에 해로울 수 있습니다. 편의점 음식을 습관처럼 먹는 사람은 조금 주의하는 게 좋겠어요."

내용이 좋고 나쁨을 떠나, 자기 생각을 분명하게 언어화할 수 있다는 점은 높은 평가를 받는다. 이처럼 중심이 되는 가치관이 있는 사람은 이것을 기준으로 망설임 없이 자신의 입장을 밝힌다.

한편 중심이 없는 사람은 판단의 기준이 없으므로 '찬성 또는 반대'를 정하기 어려워한다. 그중에는 "아니, 어떻게 생각하냐고 물어보셔도 잘 모르겠네요", "저는 어느 쪽이든……"처럼 두루뭉술하게 말하는 사람도 있다.

비즈니스 상황에서도 기준을 정하는 것은 중요하다. 예를 들어 어떤 사람의 기준이 '사람들을 배려하는 것'이라고 해 보자. 이 사람은 기획을 구상할 때도 '이 부분에서 부모들은 배려한 건데 정작 아이들은 빠져 있지 않았나? 다른 콘셉트를 좀 더 찾아보자'와 같이 생각한다. 이렇듯 중심은 그 사람의 사고뿐 아니라, 그 사고의 결과로 나오는 성과에도 지대한 영향을 미친다.

종종 자신이 믿는 기준이나 가치관이 뒤흔들릴 만한 정보와 만날 때도 있을 텐데, 이것은 그 사람의 인생을 한 단계 발전시킬 좋은 기회가 된다. 새롭게 정립된 가치관은 더 단단한 기준이 되어 당신의 언어화를 도울 것이다.

### '인생의 기준'도 자연스럽게 형성된다

"기준이 중요하다는 건 알지만 지금 내게는 기준이 없다." 이런 사람도 있을 테지만 조바심 내지 않아도 된다.

기준이라는 것은 사람이 살아가는 인생의 기둥과 같다. 이렇게 중요한 것을 서둘러 찾거나 급하게 만들어 낼 필요가 없다. 그러니 불안해하지 않아도 된다. 기준 역시 언어화의 산물이다.

다양한 단어와 정보를 접하며 언어화 능력을 키워 가는 동안 인생의 기준은 자연스럽게 형태가 잡힌다. 또 앞에서 설명했듯이 언어화 능력이 높아질수록 자신의 진짜 감정을 알게 된다.

인생의 기준이란 사고와 감정의 집합체다. 좋아하는 감정이나, 멋지게 느껴지는 사건 등의 '점'이 서서히 늘어나면서 선과 면이 되고 이내 기준으로 성장한다. 지금은 당신의 마음에 와닿는 단어와 정보를 수집하는 시간이다. 이렇게 수집한 정보 속에는 '미래의 기준'으로 자라날 씨앗이 포함되어 있다. 씨앗을 가득 모아 가며 당신다운 기준을 키워 나가자.

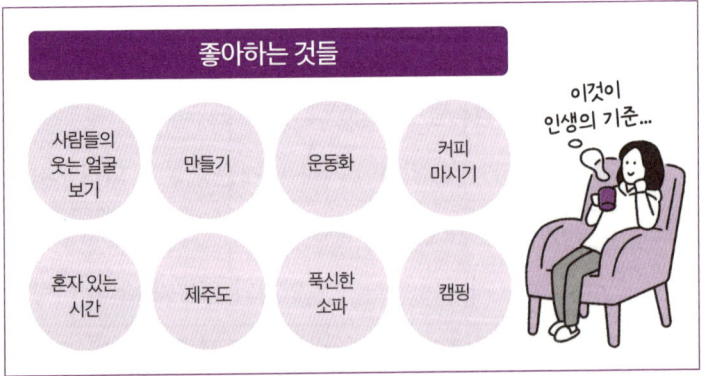

# POINT 08 꿈에 가까워진다

메이저리그 야구선수 오타니 쇼헤이가 고등학교 1학년 때 아래의 '꿈 실현을 위한 양식'을 만들었다.

| 체력 관리 | 영양제 먹기 | FSQ 90kg | 인스텝 개선 | 코어 강화 | 중심 흔들리지 않기 | 각도 조절 | 높은 위치에서 공 치기 | 손목 강화 |
|---|---|---|---|---|---|---|---|---|
| 유연성 | 근육 만들기 | RSQ 130kg | 릴리스 포인트 안정 | 조절 | 불안 없애기 | 힘주지 않기 | 공의 위력 | 하체 강화 |
| 스태미나 | 가동성 | 식사 저녁 7그릇 아침 3그릇 | 종아리 강화 | 회전하지 않기 | 멘털 관리 | 공 앞에서 긴장 풀기 | 회전수 늘리기 | 가동성 |
| 명확한 목표와 목적 설정 | 일희일비 하지 않기 | 머리는 냉정하게 가슴은 뜨겁게 | 근육 만들기 | 조절력 | 공의 위력 | 기준 지키기 | 종아리 강화 | 체중 증량 |
| 위기 대응력 | 정신력 | 분위기에 휩쓸리지 않기 | 멘털 | 8구단에서 드래프트 지명 1순위 | 속도 160km/h | 코어 강화 | 속도 160km/h | 어깨 주변 강화 |
| 동요하지 않기 | 승리를 향한 집착 | 동료를 배려하는 마음 | 인간성 | 운 | 변화구 | 가동성 | 라인 캐치볼 | 투구 수 늘리기 |
| 감성 | 사랑받는 사람 | 계획성 | 인사 | 쓰레기 줍기 | 방 청소 | 볼 카운트 늘리기 | 포크볼 완성 | 슬라이더 날카롭게 던지기 |
| 배려 | 인간성 | 감사 | 도구를 소중히 쓴다 | 운 | 심판을 대하는 태도 | 느리면서 낙차가 큰 커브볼 | 변화구 | 좌타자에게 결정구 던지기 |
| 예의 | 신뢰받는 사람 | 지속력 | 긍정적 사고 | 응원받는 사람 되기 | 책 읽기 | 직구처럼 보이게 던지기 | 스트라이크 존을 벗어나는 공을 던져 볼 카운트 유도하기 | 공이 들어가는 깊이 상상하기 |

출처: 스포니치 2013년 2월 2일 기사를 참고하여 편집

오타니는 9 × 9 = 총 81개로 칸을 세분화해 여러 목표를 채웠다. 오타니 선수가 정중앙 칸에 적은 꿈은 '8구단으로부터 드래프트 지명 1순위'였다. 그 둘레에 있는 8칸에는 '근육 만들기, 인간성, 멘탈, 조절력, 공의 위력, 속도 160km/h, 변화구, 운'을 적었고, 각각의 항목을 중심에 두고 또 그 둘레에 8개씩 목표를 적었다. 구체화에 구체화를 더한 셈이다.

그렇다면 목표 달성을 위한 표를 채울 때 오타니 선수에게 어떤 일이 일어날까? STEP 1에서 설명한 뇌의 'RAS' 기능이 발동한다. 즉 표에 적은 항목에 관한 정보들이 점점 오타니 선수에게 모여들고 그의 행동과 의식에도 큰 변화가 생긴다. '8구단으로부터 드래프트 지명 1순위'를 실현하기 위해 인생이 역동적으로 움직이기 시작한다.

### 언어화하면 길이 열린다

목표를 적는 것만으로도 효과가 크지만, 기회가 될 때마다 적어둔 내용을 소리 내어 말하는 것도 중요하다. 말로 하면 자신의 '무의식'에 목표를 심을 수 있고, 이 목표에 공감하는 누군가가 도움을 주거나, 필요한 사람이나 물건을 알려 줄 가능성도 커지기 때문이다.

### 구체화한 목표를 달성할수록 현실에 가까워지는 꿈

꿈을 이루기 위해서는 꿈의 정체를 반드시 밝혀내야 한다. 오타니 쇼헤이 선수도 '8구단으로부터 드래프트 지명 1순위'라는 명확한 목표가 있었다. 구체화한 항목도 모두 '8구단으로부터 드래프트 지명 1순위'를 받기 위해 필요한 요소들이다. 반대로 말하면 구체화된 목표 달성이 핵심 목표 달성으로 이어지는 시스템이다. 꼭 9칸이 형식이 아니라 노트에 항목별로 적어도 무방하다. 당신이 이루고 싶은 목표나 꿈이 있다면 우선 적어 보자.

그리고 당신이 꿈이나 목표를 사람들에게 말하거나 SNS에 올리면 관련 전문가나 어플 같은 당신에게 필요한 정보들이 모여든다. 그러다 예상치 못한 큰 기회가 생길 수도 있다. '언어(=정보)'란 나와 타인을 움직이기 위한 프로그램 코드이기도 하다. '나는 형편없다'라는 코드가 입력된 사람은 형편없는 정보나 환경, 미래가 모인다. 한편 '나는 실력 있다'라는 코드가 입력된 사람에게는 그에 걸맞은 현실이 온다. 당신과 당신의 인생을 만드는 것은 다름 아닌 '언어'다. 이 사실을 꼭 기억하길 바란다.

즐거운 언어화 훈련 ④

# '발상력'을 키우는 게임

언어화 능력을 높이면 일상의 소통이 바뀌고 자기 실현에도 도움이 된다.
여기서는 브랜딩과 문제 해결에 유용한
'발상력'을 높이는 게임 두 가지를 준비했다.
다양한 아이디어를 낳는 '발상력'은 인생을 열어 줄 열쇠다.
부디 재미있게 훈련하길 바란다.
여기서 소개할 두 가지 게임은 챗GPT 를 활용해서
할 수 있는 게임이다.
자세한 내용은 252쪽을 참고하자.
아이디어 발굴은 챗GPT가 잘하는 영역이다.

## ❶ 곱하기 콘셉트 게임  챗GPT

한 주제와 주제를 곱하면 새로운 것이 나온다. 기획을 구상할 때도, 자신을 브랜딩할 때도 활용할 수 있는 방법이다. 여러 가지를 곱해 새로운 콘셉트를 만들어 보자.

[예제]
'버스(차)'에 ○○을 곱해서 새로운 콘셉트를 만들어 보자.

[예시 답안]
- 버스 × 원격 근무 = 원격 근무 버스
- 버스 × 마사지 = 마사지 버스
- 버스 × 애완동물 = 애완동물 버스
- 버스 × 등교 거부 = 등교를 거부하는 아이를 위한 학습 버스
- 버스 × e 스포츠 = e 스포츠 버스

[제시어]
'카페'에 ○○을 곱해서
새로운 콘셉트를 만들어 보자.

예시 답안은 다음 쪽에! ➡

### [예시 답안]

**카페 × 근육 단련**
근육 단련 카페

**카페 × 카드 게임**
카드 게임 카페

**카페 × 랩 배틀**
랩 배틀 카페

**카페 × 수공예**
수공예 카페

**카페 × 원예**
원예 카페

**카페 × 정리**
정리 카페

업계 × 업계처럼 추상적인 주제는 새로운 콘셉트를 얻기 어려워요. 구체적인 주제끼리 곱하는 것이 중요해요.

## ❷ '아쉬운' 이유 찾기 게임  챗GPT

어떤 경험을 하고서 만족스럽지 않을 때가 있다. '아쉽다', '아깝다' 등을 느꼈을 때 어떻게 하면 기분이 나아질지 생각해 보자.

[예제]
음식은 맛있는데
식당에 재방문할 의사는 없는 경우는
어떤 '아쉬움'이 숨어 있을까?

[예시 답안]
- 식당이 정돈되어 있고 청소가 잘 되어 있으면 만족도가 더 높아질 텐데.
- 고객을 대하는 말투가 조금 더 부드러우면 호감도가 올라갈 텐데.
- 적립 카드가 있으면 매일 올 텐데.
- 학생 할인이 있으면 좋을 텐데.
- 테이블이 예쁘면 사진을 찍을 수 있을 텐데.

**Column AI 시대의 언어화 ⑤**

# 챗GPT를 활용한 '발상' 훈련

**챗GPT는 말을 잘 듣고 일 처리가 빠른 조수**

예를 들어 기획서를 작성하고 있을 때 몇 가지 사례를 넣고 싶은데 한 가지밖에 생각이 나지 않을 때 챗GPT가 유용하다. 프롬프트는 있는 그대로 솔직하게, '○○한 상황에 맞는 △△ 사례를 몇 가지 알려 줘'라고 쓰면 된다. 마치 똑똑한 조수와 대화하듯 아이디어가 계속해서 나온다. 게다가 챗GPT는 무리한 부탁을 해도 기분 나빠하지 않는다는 장점이 있다.

물론 처음부터 괜찮은 예시가 바로 나오지는 않는다.

- 조금 더 일상에 가깝고 구체적인 사례를 알려 줘.
- 조금 더 참신한 접근 방법으로 알려 줘.

이렇듯 추가 프롬프트를 입력하면 자신이 바라는 것과 가까워진다. 그대로 사용하지 않더라도 발상의 힌트가 된다.

> 챗GPT를 활용해
> '발상력'을 키우는 게임을 해 보자.
> 각 프롬프트 예시를 35쪽의 A 칸에 입력해 보자.

● 곱하기 콘셉트 게임 (249쪽 참조)

[제시어] 카페와 ○○을 곱한 새로운 콘셉트

[프롬프트 예시]

> 게임을 해 보자. 다음 단어에 새로운 단어를 곱해 새로운 비즈니스 힌트를 얻고 싶다. 예를 들면 근육 단련 × 카페 = 근육 단련 카페처럼. 너라면 카페에 어떤 단어를 곱할 거니? 5개 알려 줘.

[챗GPT 예시 답안]

> 네, 알겠습니다. 새로운 카페에 대한 아이디어 5개를 보여 드릴게요.
>
> 1. 카페 × 게임 = 게임 카페 (보드게임이나 비디오 게임을 즐기는 카페)
> 2. 카페 × 미술 = 미술 카페 (미술 작품이 전시된 곳에서 음료를 마실 수 있는 카페)
> 3. 카페 × 휴식 = 휴식 카페 (릴렉스 효과가 있는 공간에서 음료를 마실 수 있는 카페)
> 4. 카페 × 워크숍 = 워크숍 카페 (워크숍 이벤트를 개최하는 카페)
> 5. 카페 × 요가 = 요가 카페 (요가 수업을 들으면서 음료를 마실 수 있는 카페)

'더 기발한 아이디어를 알려 줘'라고 요청하면
더 기발한 아이디어를 제시할 거예요.

● '아쉬운' 이유 찾기 게임 (251쪽 참조)

[제시어] **레스토랑이 아쉬운 이유는?**

[프롬프트 예시]

> 어느 레스토랑에 갔다. 음식은 맛있었는데 또 방문할 생각은 없다. 이렇게 생각한 이유는 무엇일까? 10개 알려 줘.

[챗GPT와의 대화 예시]

> 레스토랑 요리는 맛있었는데 재방문을 망설이는 이유를 10개 보여 드릴게요.
>
> 1. 서비스 품질 : 서비스가 불쾌하거나 느린 경우 재방문 의욕이 떨어집니다.
> 2. 가격 : 너무 비싼 경우 재방문이 어렵다고 느낍니다.
> 3. 분위기 : 레스토랑 분위기나 인테리이기 별로이면, 재방문을 망설이게 됩니다.
> 4. 청결 : 레스토랑 내부나 화장실 등이 청결하지 않아 재방문을 꺼리게 됩니다.
> 5. 메뉴의 다양성 : 같은 메뉴가 반복되는 경우 질릴 가능성이 있습니다.
> 6. 주차장 편의성 : 주차가 불편하면 재방문을 번거롭게 느낄 수 있습니다.
> 7. 어려운 예약 : 예약하기 어려운 경우, 재방문 계획을 세우기 어렵습니다.
> 8. 건강을 신경 쓰는 사람을 위한 선택지 부족 : 식사에 제한이 있는 경우 재방문을 망설이기도 합니다.
> 9. 음료 선택지 : 알코올이나 비알코올 음료의 선택지가 적은 경우 재방문이 감소하기도 합니다.
> 10. 불편한 자리 : 자리가 불편하거나 소음이 크면 재방문을 피하기도 합니다.
>
> 이러한 요인은 레스토랑에 대한 전반적인 경험에 영향을 미치며, 재방문 의사 여부에도 영향을 미칠 가능성이 있습니다.

여러 논리적인 답변을 얻을 수 있어요.
여기서 제일 공감되는 것이 '아쉬운' 기분이 든 이유일지도 몰라요.

## 이럴 때 어떻게 하면 될까?
## 챗GPT를 잘 활용하기 위한 Q&A

**Q** 챗GPT의 대답이 조금 어색해요.

**A** '이 대답은 조금 어색하니까 수정해 줘'라고 챗GPT에 솔직하게 전달하면 됩니다. 2~3번 반복하다 보면 어색한 느낌이 든 근본적인 원인을 알게 돼서 그 어색한 느낌의 정체를 말로 표현하고 지시할 수 있게 됩니다.

---

**Q** 챗GPT를 활용하면서 제 언어화 능력을 지키려면 어떻게 해야 하나요?

**A** 적당한 프롬프트를 입력해서 나온 글을 보고, "이거면 됐어"라며 그대로 의존해서는 절대 안 됩니다. 더 좋은 글로 만들겠다는 마음으로 챗GPT와 제대로 소통하는 것이 중요합니다.

---

**Q** 일반적으로 질문하는 글을 입력하는 프롬프트와 본문과는 별도로 #을 붙인 프롬프트. 이 둘을 어떻게 구분하나요?

**A** 간단한 질문은 #을 붙이지 않고 질문하는 짧은 글을 그대로 프롬프트에 입력하면 됩니다. 반면, 전제나 조건이 여러 개 붙는 프롬프트라면 챗GPT가 프롬프트의 의도를 곡해하지 않도록 #을 붙이도록 합니다. #을 붙여 정보(지시 내용)를 알기 쉽게 정리하면 챗GPT가 프롬프트의 의도를 더 쉽게 파악할 수 있습니다.

**Q** 챗GPT가 또 어떤 곳에 쓰이나요?

**A** 챗GPT는 그야말로 '파트너' 같은 존재입니다. 상담이나 컨설턴트 용도로 쓰이기도 해요. 물론 전문가만큼의 수준은 아니지만, "조금 피곤해. 요새 이런 일이 있었는데……"라고 프롬프트를 입력하면 "힘드셨겠어요. 잠도 많이 못 잤겠네요"와 같이 대답합니다.

또 자신의 강점이나 직업을 찾는 것을 도와준다는 점이 흥미롭습니다. 예를 들어 온라인에는 무료로 할 수 있는 '나의 강점 찾기 테스트'가 있어요. 이 질문과 대답을 모두 입력하고 '이 데이터를 바탕으로 나의 강점을 알려 줘'라고 프롬프트를 입력하면 분석 결과를 알려 줍니다. 자신의 강점이나 직업을 찾는 이정표가 될 수도 있습니다.

**Q** 챗GPT를 활용해 업무 효율을 높일 수 있는 비결이 있나요?

**A** 자주 쓰는 프롬프트를 템플릿으로 만드세요. 다만, 완성도가 낮은 프롬프트라면 템플릿으로 만드는 의미가 없습니다. 챗GPT의 답이 만족스럽지 않을 때는 마음에 드는 대답이 나올 때까지 끈기 있게 프롬프트 글을 계속 수정합시다. 기대한 대로, 혹은 기대 이상의 답변이 나오면 그 템플릿을 저장해요. 사용할 수 있는 템플릿이 많아질수록 챗GPT가 답변하는 속도가 빨라지고 완성도도 높아집니다.

# 부록

**상황별**

구체화하는 방법부터
전달법 기술까지

## 즉시 실전 활용 가능한 언어화 사례들

 ## 사실을 있는 그대로 전달한다

5W3H를 빠뜨리지 않고 사실을 있는 그대로 전할 때의 '구체화 → 전달법'을 살펴보자. 아래의 예시는 '업무 일지를 기록하는' 상황이다.

● 업무 보고의 잘못된 예시

오늘 회의에서는 신상품에 대한 세부 사항을 조정했습니다.

● 어디가 잘못됐을까? 색글씨를 보자.

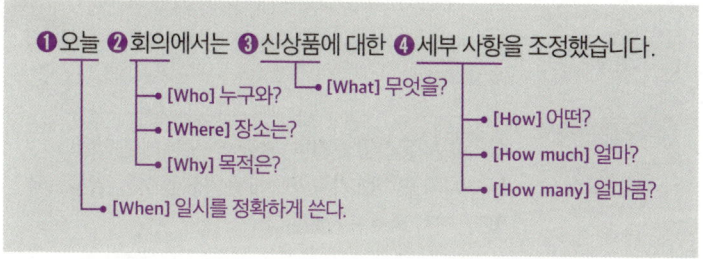

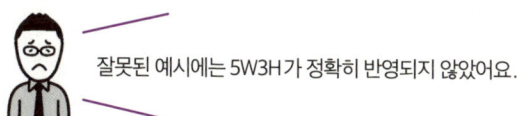
잘못된 예시에는 5W3H가 정확히 반영되지 않았어요.

우선 구체화를 해 보자. ➡

● 사실의 구체화

| | |
|---|---|
| When | 오늘 (6월 18일) 15시 |
| Where | 주식회사 A 본사 |
| Who | 양쪽 회사의 판촉팀 10명 |
| What | 콜라보레이션 상품 '촉촉 에센스'의 판촉 회의 |
| Why | 콜라보레이션 상품 '촉촉 에센스'의 판촉 활동 방식을 정하기 위해 |
| How | 우리 회사 온라인 쇼핑몰 내에서의 판매에 동의했다. 두 회사가 협력해 각자의 SNS 동영상 플랫폼(유튜브와 틱톡)에서 홍보를 진행한다. |
| How many | 2,500개 |
| How much | 40만 9,500원 |

● 업무 보고의 좋은 예시

❶ 오늘(6/18) 15시, ❷ 주식회사 A 본사에서
  └▶[When]      └▶[Where]

❸ 양쪽 회사의 판촉팀 10명이 모여 ❹ 콜라보레이션 상품 '촉촉 에센스'의
  └▶[Who]              └▶[What]

판촉 회의를 진행했고 ❺ 판촉 활동 방식이 결정되었습니다.
            └▶[Why]

우리 온라인 쇼핑몰에서 판매하겠다는 제안이 통과되었고,

두 회사가 서로 협력해 각자의 SNS 동영상 플랫폼(유튜브와 틱톡)에서

❻ 홍보하기로 했습니다.
  └▶[How]

'촉촉 에센스'의 가격은 ❼ 40만 9,500원입니다.
              └▶[How much]

최초 생산량은 ❽ 2,500개로 결정했습니다.
        └▶[How many]

업무 일지는 구체화한 내용을 생략하지 않고
그대로 전달해도 돼요.

## 진행 상황 보고 | 사실을 요약해서 전달한다

 사실을 전달할 때, 사실을 있는 그대로 전달하는 방식이 아니라 간략하게 요약하는 방식이 더 효과적일 때도 있다. 예를 들어 상사가 "그 안건 어떻게 돼 가고 있어요?"라고 물었을 때 진행 상황을 보고하는 방법을 보자.

● 진행 상황 보고의 잘못된 예시

> 카페 내부 공사가 순조롭게 마무리되어 우선 한시름 놓았습니다. 벽 주변의 인테리어 작업이 남았지만. 미팅을 철저하게 진행했으므로 문제없이 완성될 것으로 보입니다. 공사 담당자도 아주 근사한 카페가 될 것 같다고 말했습니다.
> 그리고 이번 주부터 마침내 오픈 타임조 직원 교육을 시작합니다. 교육 담당자는 예전에 D 카페 때도 같이 일한 C라서 안심하고 맡길 수 있습니다. 직원은 주로 카페 인근에 거주하는 대학생이라 그들의 친구들이 방문할 가능성도 기대하고 있습니다.

● 어디가 잘못됐을까? 색글씨를 보자.

❶카페 내부 공사가 순조롭게 마무리되어 ❷우선 한시름 놓았습니다.
      ┌─● [When] 언제?　　　　　　　　　└─● 감정 표현은 불필요
      ├─● [Where] 어디?
      └─● [What] 무엇을 위해?

벽 주변의 인테리어 작업이 ❸남았지만, ❹미팅을 철저하게 진행했으므
                 └─● [When] 이 작업은 언제 시작하지?

로 문제없이 완성될 것으로 보입니다. 공사 담당자도 아주 근사한 카페가
                 └─● 생략 가능

될 것 같다고 말했습니다.

그리고 이번 주부터 마침내 오픈 타임조 직원 교육을 시작합니다. ❺교

육 담당자는 예전에 D 카페 때도 같이 일한 C라서 안심하고 맡길 수 있습

니다. 직원은 주로 카페 인근에 거주하는 대학생이라 그들의 친구들이 방
                 ┌─● 감정 표현은 불필요
문할 가능성도 기대하고 있습니다.  └─● 지금 시점에서 굳이 말할 필요 없다.

 불필요한 정보가 많은 와중에 중요한 5W3H도 빠져 있어요.

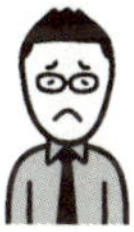

우선 구체화를 해 보자.

● 사실의 구체화

| | | |
|---|---|---|
| 과거<br>(현재까지) | When | ~11월 10일 (지난주) |
| | Where | ○○동 'B 카페' |
| | Who | 진행 상황 보고 담당자 |
| | What | B 카페 오픈 준비에 대한 진행 상황 보고 |
| | Why | 오픈 준비에 관한 현 상황과 미래 전망을 공유하기 위해 |
| | How | 일정대로 진행 중 / 카페 내부 공사 완료 (남은 공사는 벽 주변 인테리어) |
| | How many | |
| | How much | |
| 현재<br>(앞으로) | When | ~11월 11일 (이번 주) |
| | Where | ○○동 'B 카페' |
| | Who | 교육 담당자 C, 오픈 타임조 직원 |
| | What | 남은 공사는 벽 주변 인테리어, 카페 오픈 준비 |
| | Why | 오픈 첫날부터 책임감을 가지고 일할 수 있도록 |
| | How | C를 초빙해 교육 시작 |
| | How many | |
| | How much | |

진행 상황 보고할 때는 과거와 현재 두 단계로 나누어 상황을 구체화하면 전체적인 그림을 잘 파악할 수 있어요.

● **진행 상황 보고의 좋은 예시**

❶ ○○동 B 카페 오픈 준비에 대한 진행 상황을 보고합니다.
   └•[Where]

❷11월 11일 현재, ❸오픈 준비는 ❹일정대로 진행 중이며 특별한 문제는
  └•[When]       └•[What]    └•[How]

없습니다.

❺지난주에 ❻카페 내부 공사가 완료되었고 벽 주변 인테리어 공사만 남
 └•[When]  └•[How]

았습니다. ❼이번 주부터 ❽교육 담당자 C를 초빙해 오픈 타임조 직원들
         └•[When]   └•[Who]                        └•[Who]

이 ❾오픈 첫날부터 책임감을 가지고 일할 수 있도록 ❿교육을 시작합니
   └•[Why]                                   └•[How]

다.


계속해서 진행 상황을 보고하겠습니다.

상사가 가장 궁금해할 '일정대로 진행 중'부터 전달하세요.

부록 265

##  사실을 인상적으로 전달한다

 영화 예고편처럼 중요한 사실만 건져 인상적으로 전달하는 방식이다. 예를 들면 자기소개도 여기에 해당한다. 새로운 팀으로 자리를 옮겼는데 "그럼, 간단하게 자기소개 해 주세요"라는 말을 들은 상황이라고 해 보자.

● 자기소개의 잘못된 예시

○○입니다. 1988년 4월 1일 △△에서 태어났습니다.

취미는 맛집 찾기입니다.

잘 부탁드립니다.

● 어디가 잘못됐을까? 색글씨를 보자.

**상황과 내용이 일치하지 않다**

김지수입니다. ❶1988년 4월 1일 △△에서 태어났습니다.
　　　　　　　　　　　　　　　└• 불필요한 정보

❷취미는 맛집 찾기입니다.
　└• 없어도 될 정보

[Where] 이전에 있던 팀은?
[What] 어떤 업무를 했는지?
[How many] 기간은?

잘 부탁드립니다.

환영회처럼 편안한 분위기라면 사적인 정보를 말할 수도 있지만, 공적인 자리에서는 불필요한 정보예요.

우선 구체화를 해 보자.

● 사실의 구체화

| | |
|---|---|
| When | 4월 1일 (이동한 날짜) |
| Where | 기획팀 (이전에 있던 팀) |
| Who | OO (이름) |
| What | E 프로젝트에 참여 (담당 업무) |
| Why | What 의 이유<br>(디자인 디렉팅 업무 전반을 맡아서) |
| How | 외부 디자이너와 회의가 많아 회사에 친구가 적다.<br>(어떤 식으로) |
| How many | 10년 넘게 팀에 가장 오래 있었다. (근속 기간) |
| How much | |

회사 업무에 관한 일을 5W3H로 구체화해 보세요.

● 자기소개의 좋은 예시

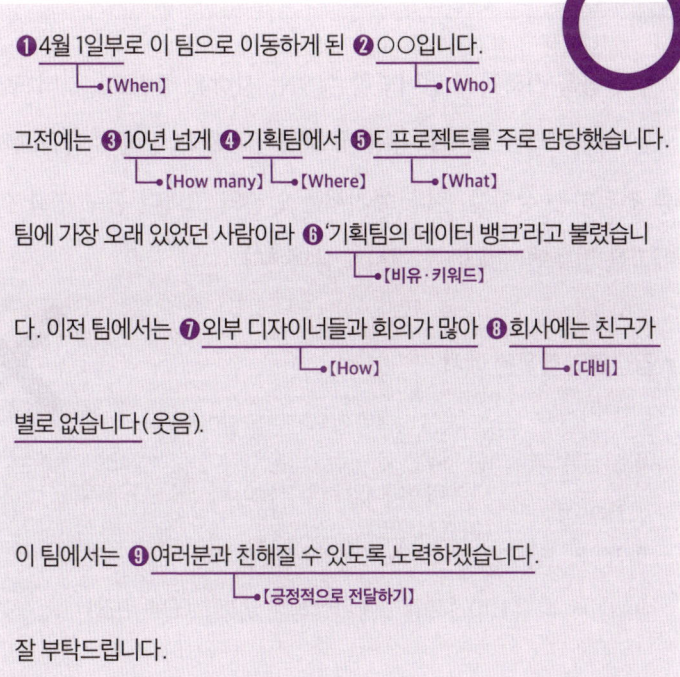

❶4월 1일부로 이 팀으로 이동하게 된 ❷○○입니다.
　　 【When】　　　　　　　　　　　　　 【Who】

그전에는 ❸10년 넘게 ❹기획팀에서 ❺E 프로젝트를 주로 담당했습니다.
　　　　　【How many】　【Where】　　【What】

팀에 가장 오래 있었던 사람이라 ❻'기획팀의 데이터 뱅크'라고 불렸습니
　　　　　　　　　　　　　　　　　　【비유·키워드】

다. 이전 팀에서는 ❼외부 디자이너들과 회의가 많아 ❽회사에는 친구가
　　　　　　　　　【How】　　　　　　　　　　　　　【대비】

별로 없습니다(웃음).

이 팀에서는 ❾여러분과 친해질 수 있도록 노력하겠습니다.
　　　　　【긍정적으로 전달하기】

잘 부탁드립니다.

 전달법 기법인 '비유', '대비', '긍정적으로 전달하기'를 사용해 효과적으로 전달하고 있네요.

## SNS 글　감상평을 전달한다

　감상평을 적확하게 언어화할 수 있는 사람은 주변으로부터 교양 있는 사람이라는 소리를 듣는다. 회식이나 SNS 등에서 감상 후기를 전달하는 상황을 본다. 여기서는 일본의 코미디 공포 영화 〈카메라를 멈추면 안 돼!〉를 예시로 살펴본다.

● 감상평의 잘못된 예시

> 일본 영화 〈카메라를 멈추면 안 돼!〉는 많은 사람이 등장해 좌충우돌하는
>
> 이야기입니다. 기발한 이야기 구성이 재밌었습니다.

● 어디가 잘못됐을까? 색글씨를 보자.

구체화가 되지 않아 내용이 얕다.

일본 영화 <카메라를 멈추면 안 돼!>는 ❶ 많은 사람이 등장해 좌충우돌하는 이야기입니다. 기발한 이야기 구성이 ❷ 재밌었습니다.

• 어휘가 부족해 와닿지 않는다.

어떻게 재밌었는지 알 수 없다.

'재미있었다'는 반드시 구체화해서 깊게 파고드세요!
어휘력도 필요하겠죠.

우선 구체화를 해 보자.

## ● 감상평의 구체화

**[간략한 한마디]**

좌충우돌이었지만 재밌었다.

**[왜?]** 복선을 멋지게 회수한다.

**[왜?]** 벅차오른다.

**[왜?]** 제목이 기발하다.

**[예를 들면?]** 전반부에 깔린 복선이 후반부에서 완벽하게 풀린다.

**[예를 들면?]** 영화에 대한 애정과 가족애를 그린 휴먼 드라마다.

**[예를 들면?]** '포기하면 거기서 끝이다'라는 메시지가 있다. 제목에서도 알 수 있다.

**[예를 들면?]** 이야기 속의 이야기 막바지에 등장인물들이 '어떤 일'에 한마음으로 뭉치는 장면은 눈물이 난다.

'감상평'의 구체화는 '왜 → 예를 들면' 방법으로 깊이를 더해요.

● 감상평의 좋은 예시

일본 영화 〈카메라를 멈추면 안 돼!〉는 ❶저질스러운 B급 좀비 영화 정도로 생각했는데 중반 이후에 전개가 급격히 변하면서 가슴이 뜨거워지는 휴먼 드라마로 바뀌는 인간 군상을 보여 주는 걸작이다.
└ '좌충우돌극'을 다르게 표현 (어휘력) 대비
└ '많은 사람이 등장하는 영화'를 다르게 표현 (어휘력) 반복
└ '누구라도 인정할 수밖에 없는 대단한 걸작'

❷전반부에 다양한 복선이 깔리고 후반으로 가면 이 복선들을 유머스럽고도 완벽하게 풀어낸다. └ 대비

더욱이 이 과정 안에 벅차오르는 '영화에 대한 애정'과 '가족애'를 그린 휴먼 드라마가 있다. 스포가 될까 봐 자세하게 쓸 수는 없지만, 이야기 속의 이야기 막바지에 등장인물 모두가 '어떤 일'에 한마음으로 뭉치는 장면이 있다. 그 모습을 보는데 ❸어느새 눈물이 흐르고 있었다. 이렇게 ❹많이 울고 웃는 장면은 살면서 처음인 것 같다. └ 대비  └ 비교 '웃다 ↔ 울다'

이 작품의 보편적인 메시지는 '포기하면 거기서 끝이다'이다. 〈카메라를 멈추면 안 돼!〉라는 제목으로도 엿볼 수 있다. ❺300만 엔 ❻저예산으로 제작된 ❼누구라도 인정할 수밖에 없는 대단한 걸작이다.
└ 대비  └ 비교 '초 저예산 ↔ 대단한 걸작'
└ '재밌었다'를 다르게 표현 (어휘력)
└ 반복 '걸작'

 전달법 기법 중 '대비', '비교'를 사용해 생동감 있게 전달하고 있어요.

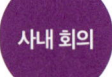 **사내 회의** ## 의견을 전달한다

 이번에는 회의에서 상사가 의견을 물었을 때 어떻게 구체화하고 전달할지를 예시 상황을 통해 살펴본다. "코로나도 끝났는데 이제 재택근무 없애도 되지 않을까요? ○○ 씨도 한번 생각해 봐요"라는 말을 들었다면 어떻게 언어화해야 할까?

● **의견 제시의 잘못된 예시**

> 어, 재택근무는 좋은 점도 나쁜 점도 있죠…….
>
> 해도, 안 해도 상관없습니다만…….

우선 구체화를 해 보자.

 의견이 분명하지 않고 간략한 한마디도 생각나지 않는 경우, 두 가지 패턴으로 구체화해 보세요.

● **의견 제시의 구체화 ①** (재택근무에 찬성하는 경우)

[간략한 한마디]

재택근무 제도가 있으면 좋다.

[왜?]

자유롭게 일할 수 있으니까.

[예를 들면?]

육아 중이거나 간병 중인 사람도 일할 수 있다.

[예를 들면?]

집이 멀어도 일할 수 있다.

[예를 들면?]

A 부장님은 간병 때문에 퇴직하는 상황을 면했다.

[예를 들면?]

육아 중인 B도 단축 근무를 하지 않고 계속 일정한 성과를 내고 있다.

[예를 들면?]

우수한 시스템 엔지니어인 E는 집이 멀지만 일할 수 있다.

부록 275

 두 가지 패턴의 구체화를 비교하고 통합하면 언어화의 수준이 높아져요.

● **의견 제시의 구체화** ② (재택근무에 반대하는 경우)

**[간략한 한마디]**

재택근무는 없애도 된다.

**[왜?]**

소통에 깊이가 생긴다.

**[왜?]**

불공평한 느낌이 들지 않는다.

**[예를 들면?]**

동료와 직접 만나기 때문에 업무 진행이 수월하다.

**[예를 들면?]**

회사에 출근한 사람만 우편, 전화 대응을 떠맡지 않아도 된다.

**[예를 들면?]**

집의 환경에서 발생하는 차이가 없다. (자녀가 있다, 집이 좁다 등)

**[예를 들면?]**

일하지 않는 직원과 일하는 직원의 차이가 두드러지지 않는다.

● 의견 제시의 좋은 예시

원격 근무 제도 자체는 유지해야 한다고 생각합니다.

A 씨, B 씨, C 씨 등 사정상 ❶출근하기 어려운 우수한 직원들이 회사를 그
　　　　　　　　　　　　└ 예시
만두지 않고도 ❷열심히 일할 수 있으며, ❸예전보다 회사를 그만두는 사
　　　　　　　└ 대비　　　　　　　　　└ 장점
람이 적어졌다는 점도 회사 입장에서는 큰 이득입니다.

다만, ❹원격 근무를 하면 ❺소통이 어렵다는 점, 회사에 나온 사람들의
　　　└ 비교 '장점 ↔ 단점'　└ 단점
업무가 늘어난다는 점, 일하지 않고 노는 사람들이 생긴다는 점 등 불공평
한 상황이 발생할 수 있으니 이에 대한 ❻대책안을 구체적으로 검토할 필
　　　　　　　　　　　　　　　　　　└ 긍정적으로 전달한다
요가 있다고 생각합니다.

결론부터 말하는 형식으로 전달하고 있네요.
'회사 입장에서의 이익'을 강조하면 상사에게 잘 전달될 수 있어요.

# 사실 × 의견을 전달한다

발표나 자기소개에 설득력을 더하고 상대의 마음을 움직여야 할 때는 사실과 의견을 모두 구체적으로 전달해야 한다. 사실과 의견을 각각 구체화해서 효과적으로 전달해 보자.

● **프레젠테이션의 잘못된 예시**

> 신제품 '글루텐 프리 대두 스낵'을 소개합니다.
>
> 주요 성분인 대두 단백질로 만들어, 한 포에 식이섬유가 듬뿍!
>
> 건강을 챙기는 사람에게 안성맞춤입니다.

● 어디가 잘못됐을까? 색글씨를 보자.

> 사실도 의견도 구체적이지 않아 내용이 너무 빈약하다.

❶ 신제품 '글루텐 프리' ❷ 대두 스낵'을 소개합니다.
- [When] 언제 출시하는가?
- [How] 무엇일까?
- [Where] 어디서 살 수 있는가?
- [How much] 얼마인가?

❸ 주요 성분인 대두 단백질로 만들어, 한 포에 식이섬유가 ❹ 듬뿍!
- [Why] 왜? 목적은?
- [How many] 얼마냐?

❺ 건강을 챙기는 사람에게 안성맞춤입니다.
- [Who] 예를 들면 어떤 사람?

 구체화되어 있지 않아 상품 이미지가 전혀 떠오르지 않아요.

우선 구체화를 해 보자. ➡

● 사실의 구체화

| When | 7월 7일 출시 |
|---|---|
| Where | 편의점 Eight |
| Who | 건강을 챙기는 사람 |
| What | 글루텐 프리 대두 스낵 |
| Why | 글루텐 프리 / 주요 성분은 대두 단백질<br>(고단백, 저당질) |
| How | 씹히는 느낌과 고소한 대두의 풍미 |
| How many | 1포 (50g)에 식이섬유 함유량 6,700~9,100㎎ |
| How much | 3,800원 |

'5W3H'와 '왜 → 예를 들면'의 2단 구체화로
더 깊이 파고들어 보세요.

이제 '의견'을 구체화해 보자.

● '의견'의 구체화

[간략한 한마디]

'글루텐 프리 대두 스낵'을 추천한다.

[왜?]

글루텐 프리에다,
주요 성분은 대두 단백질(고단백, 저당질)이기 때문이다.

[예를 들면?]
누구에게 권할 것인가?

건강을 지키려는 사람
어린이 간식
어른이 먹는 술안주
다이어트 하는 사람

[예를 들면?]
이익과 불이익은?

- 몸에 천천히 흡수된다.
- 포만감이 오래 지속된다.
- 식이섬유가 많아 장내 활동이 좋아지고 변비가 사라지는 효과를 기대할 수 있다.
- 식이섬유를 지나치게 많이 섭취하면 설사할 수 있다.

 '예를 들면'에 '사고의 기준'까지 조합해 의견에 깊이를 더해 보세요.

이걸 어떻게 전하면 될까?

● 의견 제시의 좋은 예시

❶ 7월 7일에 ❷ 편의점 Eight에서 ❸ 1포에 3,800원으로 판매될 예정인
　└[When]　　└[Where]　　　└[How much]

건강에 좋은 신제품 ❹ '글루텐 프리 대두 스낵'을 소개합니다.
　　　　　　　　└[What]

이 스낵은 ❺ 오도독 ❻ 씹히는 느낌과 고소한 대두의 풍미가 특징으로
　　　　└의성어·의태어　　　　　　└[How]

❽ 아이들 간식부터 어른들이 먹을 안주까지 ❼ 다양한 목적으로 먹을 수
　└이득　　　　　　　　　　　　　　　└비교

있습니다.

❿ 제품의 주요 성분인 대두 단백질은 체내에 천천히 흡수되고 소화되어
　└이득

포만감이 오래 지속되는 효과 ❾ 가 있습니다.
　　　　　　　　　　　└[Why]

또 ⓫ ⓬ 글루텐 프리면서 고단백, 저당질 식품이라 ⓭ 당질 섭취를 제한하
　　└[Why]　　　　└대비　　　　　　　└이득

는 사람 또는 다이어트를 하는 사람에게도 추천합니다. 게다가 이 제품은

⓯ ⓮ 1포(50g)당 6,700~9.100mg의 풍부한 식이섬유를 함유하고 있습니
　└[How many]　└숫자

다. ⓰ 장내 활동이 좋아져 변비가 사라지는 효과도 기대할 수 있습니다.
　　└이득

다만, ❶❼ ❶❽ 식이섬유를 과다 섭취하면 장내 환경을 어지럽힐 수 있으니
　　　└→ 손해　　└→ 비교 이득 ↔ 손해

우선 ❶❾ 1일 1포부터 천천히 늘려 나갈 것을 권장합니다.
　　　└→ [How many]

❷⓿ 맛있어서 계속 먹게 되는 사람이 많을 것으로 예상되오니 부디 이 점은
└→ 긍정적으로 전달한다

주의하시길 바랍니다.

사실을 하나도 빠짐없이 전달하는 동시에 누구에게 어떤 이득이 있는지 효과적으로 전달하고 있네요. 문서 작성을 해야 할 때는 전형적인 형식을 사용하는 방법도 좋아요.

 ## 자기 실현을 위한 언어화 ①

4장에서 설명했듯이 언어화는 자기 실현을 이루는 강력한 수단이 된다. 사람들에게 전달하기 위한 언어화가 아니라, 나의 마음을 움직이는 언어화를 보도록 하자. '일만 하는 생활을 바꾸고 싶다'라는 답답함을 해소하고 자기 실현으로 나아가려면 어떻게 언어화하면 될까?

● 원하는 것 말하기의 잘못된 예시

> 평일은 일에 치이고, 주말에는 늘어져 있고…….
>
> 더는 이렇게 살고 싶지 않아. 어디론가 떠나고 싶어……. (답답함)

 답답함을 그대로 두어 봤자 변하는 것은 하나도 없습니다.
원하는 것을 구체화해 'To Do 리스트'까지 만들어 보세요.

 자기 실현을 위한 언어화를 하는 경우, 우선 자신이 원하는 것을 '왜 → 예를 들면'을 사용해 구체화한 후, 'To Do 리스트' 작성을 위해 '5W3H'로 구체화해 보세요.

● '원하는 것'의 구체화

[간략한 한마디]

일에 치여 사는 삶을 바꾸고 싶다.

[왜?]

주말이나 휴일에는 늘어지고 쉬느라 시간이 다 가는 바람에 성장하지 못하고 있으니까. 더 나은 사람으로 성장하고 싶다!

[예를 들면?]     [예를 들면?]     [예를 들면?]

| 세계 유산을 구경하고 싶다. | 지역 맛집에 가고 싶다. | 여행지에서 인맥을 넓히고 싶다. |

이제 'To Do 리스트' 작성을 위해 한 번 더 구체화해 보세요. ➡

부록 285

- To Do 리스트 작성을 위한 구체화

| | |
|---|---|
| When | 주말이나 휴일 |
| Where | 국내에 세계 유산이 있는 지역<br>(예를 들면 경주의 불국사, 합천의 해인사, 제주의 용암 동굴 등) |
| Who | 나 |
| What | 관광, 지역 맛집 탐방<br>(예를 들면 전주비빔밥, 통영 굴밥, 제주 흑돼지 등)<br>인맥 넓히기<br>(예를 들면 여행지에서 적어도 한 명과 SNS 팔로우를 맺는다.) |
| Why | 일에 치여 주말이나 휴일은 쉬는 것만으로도 시간이 다 간다. 사람으로서 하나도 성장하지 않았다. 시야를 넓히고 지식을 쌓기 위해. |
| How | 혼자 여행. 여행 비용은 뷰티 비용을 줄여서 충당, 시간 확보를 위해 업무 생산을 높인다. |
| How many | 한 달에 한 번 정도, 일 년에 10번 |
| How much | 여행 한 번에 쓰는 최대 비용은 50만 원 |

5W3H를 활용해 행동 계획을 구체화해 보세요.

● **자기 실현을 위한 언어화의 예시**

❶올해는 시야를 넓히고 지식을 쌓기 위해 ❷주말과 연휴 동안에 ❸국내
└─[Why]                                    └─[When]      [Where]─┘
❹여행을 하려고 한다. 왜냐하면 ❺일에 치여 정신없이 산 지 벌써 5년이
└─[What]                    └─[Why]

나 되었다. 주말이나 휴일은 집에서 늘어져 쉬는 것만으로도 시간이 다 간

다. 사람으로서 나는 조금도 성장하지 못했다는 것을 어느 순간 깨달았다.

여행에 쓰는 비용은 ❻최대 50만 원, ❼한 달에 약 한 번, 일 년에 열 번을
                   └─[How much]      └─[How many]
목표로 ❽국내 세계 유산을 둘러보고 싶다. 예를 들면 ❾경주의 불국사,
       └─[Where]                                   └─[Where]
합천의 해인사, 제주의 용암동굴 등이 있겠다. 또 전주비빔밥, 통영 굴밥,

제주 흑돼지 등 ❿각 지역에서 유명한 맛집에도 가고 싶다. 그리고 여행지
                └─[What]
에서는 적어도 ⓫한 명과 ⓬SNS 팔로우를 맺어 인맥을 넓히고 싶다. 이것
              └─[How many] └─[What]
들을 실현하기 위해 ⓭뷰티 비용을 아껴 돈을 모으고 업무 생산을 높여 시
                   └─[How]

간도 확보할 계획이다.

 실행이 가능한 작은 단계까지 To Do 리스트를 더 분해하고
구체화해 보세요.

 커리어를 쌓고 싶다

# 자기 실현을 위한 언어화 ②

'이대로 이 회사에 있어도 될까?'라고 고민하는 사람이 많을 것이다. '커리어를 쌓고 싶은' 막연한 마음을 언어화해 보자.

● 원하는 것 말하기의 잘못된 예시

이대로 이 회사에 있어도 될까…….

커리어를 더 쌓고 싶은데…….

어떻게 해야 할지 모르겠어……. (답답함)

 구체화하지 않으면 자신이 무엇을 원하는지 보이지 않아요.

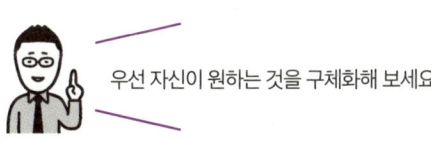 우선 자신이 원하는 것을 구체화해 보세요.

● '원하는 것'의 구체화

**[간략한 한마디]**

커리어를 쌓고 싶다.

**[왜?]**

나의 기술과 지식을 한 단계 끌어올리고 싶다.
그런데 지금 회사에서는 그것이 불가능하다.
내가 더 발전할 수 있는 회사로 이직해 최신 기술을 배워
전문성을 높이고 싶다.

**[예를 들면?]**

지금 회사에서는 취급하지 않는 AI 관련 기술과 지식을
배울 수 있는 곳으로 이직하고 싶다.

이제 'To Do 리스트' 작성을 위해 한 번 더 구체화해 보세요.

● To Do 리스트 작성을 위한 구체화

| | |
|---|---|
| When | 서른다섯 살까지 (3년 남았다) |
| Where | 도심에 있는 회사로 |
| Who | 나 |
| What | AI 부문이 있는 기업 (예를 들면 A 회사, B 회사, 예를 들면 ○○ 같은 직종) |
| Why | 엔지니어로서 가지고 있는 기술과 경험을 최첨단 기술 분야에 활용하고 싶다.<br>지금의 회사는 내가 가장 관심 있어 하는 AI 분야에 진출하지 않았다 |
| How | AI 기업 조사 (예를 들면 AI 분야에서 일하는 사람들과 인맥 쌓기, 헤드헌터에게 필수 조건이 되는 기술이 무엇인지 물어보기 등), 자신의 가치를 높이는 기술 배우기 (온라인 강의 찾기) |
| How many | 2주에 한 번 정도 인맥을 쌓을 기회를 가진다. |
| How much | 연봉을 높이는 목표를 세운다. |

'예를 들면'를 사용하면 5W3H의 각 항목을 더 구체화할 수 있어요.

● 자기 실현을 위한 언어화의 예시

❶ 지금까지 IT 계열 기업에서 쌓은 엔지니어로서의 기술과 경험을 최첨단
└→ [Why]

기술 분야에서 활용하고 싶다.

하지만 유감스럽게도 지금 다니는 회사는 내가 가장 관심 있어 하는 AI 분야

에 진출하지 않았다.

그래서 ❷ 서른다섯 살 전까지 ❸ AI 분야에 주력하고 있는 기업이나 비슷한
└→ [When]          └→ [What]

직종으로 이직할 생각이다.

그러기 위해서는 예를 들면, ❹ 2주에 한 번 정도는 ❺ AI 분야에서 일하는
                  └→ [How many]      └→ [How]

사람들을 만나거나 헤드헌터에게 업계 이야기를 듣고 인맥을 쌓으면서 기

업을 조사할 계획이다. 나의 가치를 높여 줄 기술이 있다면 온라인 강의 등

을 들으면서 준비해 나갈 계획이다.

이제 언어화를 잘할 수 있겠죠? 당신의 언어화 실력은
반드시 향상될 거예요!

## 마지막으로

언어화 여행이 독자 여러분에게 재미있었을지 모르겠다.

언어화 능력은 타고난 '재능'이 아니라 누구나 배우고 키울 수 있는 '기술'이다. 이 책에서는 이 기술을 잘게 씹어 이해하기 쉽게 설명했다. 언어화 실력을 높이는 훈련도 많이 준비했다. 즐거운 마음으로 해 봤으면 좋겠다. 마지막으로 한 가지 부탁이 있다.

'언어'를 좋아해 보자.

언어는 인간이 만든 '은혜로운 것'이다. 언어는 우리를 위해 존재한다. 말 하나하나를 자세히 들여다보고 그 뜻을 곱씹고 친해지길 바란다.

언어를 잘 사용하는 인간은 정보와 마음을 더 정확하게 주고받을 수 있게 되었다. 언어를 매개로 서로에게 동기부여도 할 수 있다. 당신도 누군가의 한마디에 위로받거나 용기를 얻었던 적이 있지 않은가?

당신의 말이 누군가에게 전달되었을 때, 당신의 마음과 그 사람

마음의 거리가 한 뼘 더 가까워진다. 이를 계기로 서로를 더 깊게 이해해 풍성한 대화로 나아가는 경우도 많다.

직장 생활이라면 의사소통이 원활해지고, 주변 동료들과 믿을 수 있는 인간관계를 맺을 수 있다. 업무 성과가 더 좋아지는 것은 두말할 필요도 없다.

언어화 실력이 높아질 때 제일 좋은 점은 무엇일까?

바로 당신의 머릿속이 맑아지고 자기 자신에 대한 이해가 깊어진다는 점이다. 그 결과 당신은 자신감이 생긴다. 걱정할 필요 없다. 당신이 말을 좋아하게 되면 말은 필시 당신의 힘이 되어줄 것이다.

당신은 이미 언어화라는 무기를 손에 넣었다. 이 무기는 어떻게 쓰느냐에 따라 상처를 줄 수도 있고 타인을 구원할 수도 있다. 절대 악의를 품지 말고, 당신 또는 당신이 아닌 누군가를 위해 써 보도록 하자.

이 책을 집필하는 동안 다이아몬드 출판사의 편집자 이노우에 케이코 씨에게 큰 도움을 받았다. '언어화를 언어화하다', 이것이 가능했던 건 이노우에 씨의 힘이 컸다. 또 언어화 팀의 일원으로서 힘을 보탠 모리모토 히로미 씨에게도 진심으로 감사의 마음을 전한다.

아내 야마구치 도모코와 딸 모모카에게도 고마운 마음을 전한다. 셋이 모이면 시끌벅적하게 대화의 꽃이 피어나고 분위기가 달라진다. 이런 일상이 나의 언어화 기반이다. 항상 고마운 마음이다.

이 책을 읽은 당신이 부디 "언어화가 어렵다"에서 "언어화를 잘한다"로 향하는 여정을 즐겼길 바란다. 당신의 언어와 만나는 날을 기대하고 있겠다.

수업 끝!